ECCE HOMO

Dados Internacionais de Catalogação na Publicação (CIP)
(Câmara Brasileira do Livro, SP, Brasil)

Nietzsche, Friedrich Wilhelm, 1844-1900
Ecce Homo : como alguém se torna aquilo que é / Friedrich Wilhelm Nietzsche ; tradução de Diego Kosbiau Trevisan. – 1. ed. – Petrópolis, RJ : Vozes, 2022. – (Coleção Pensamento Humano)
Título original: Ecce Homo : kritische studienausgabe in 15 Bände

3ª reimpressão, 2025.

ISBN 978-65-5713-330-9

1. Filosofia alemã 2. Nietzsche, Friedrich Wilhelm, 1844-1900 I. Trevisan, Diego Kosbiau. II. Título III. Série.

21-86353 CDD-193

Índices para catálogo sistemático:
1. Filosofia alemã 193

Aline Graziele Benitez – Bibliotecária – CRB-1/3129

Friedrich Nietzsche

ECCE HOMO

Como alguém se torna aquilo que é

Tradução de
Diego Kosbiau Trevisan

EDITORA
VOZES

Petrópolis

Tradução do original em alemão intitulado *Ecce Homo*.

Diagramação: Sheilandre Desenv. Gráfico
Revisão gráfica: Alessandra Karl
Capa: WM design
Arte-finalização: Editora Vozes

ISBN 978-65-5713-330-9

Este livro foi composto e impresso pela Editora Vozes Ltda.

PREFÁCIO[1]

1.

Prevendo-se que eu preciso, muito em breve, dirigir-me à humanidade com a exigência mais difícil que já lhe foi feita, parece-me indispensável dizer *quem eu sou*. No fundo, poder-se-ia sabê-lo: pois eu não me "deixei sem testemunho". A desproporção, contudo, entre a grandeza de minha tarefa e a *pequenez* de meus contemporâneos exprimiu-se no fato de que eu não fui ouvido e nem mesmo sequer visto. Eu vou vivendo ao meu próprio crédito, é talvez meramente um preconceito que eu viva?... Basta apenas que eu fale com um "instruído" qualquer que venha, no verão, a Oberengadin para que eu me convença de que eu *não* vivo... Sob essas circunstâncias há um dever – contra o qual, no fundo, se revolta meu hábito, mais ainda o orgulho de meus instintos – de dizer: *Ouçam-me! Pois eu sou tal como sou. Antes de tudo, não me confundam!*

2.

Eu não sou, por exemplo, nenhum espantalho, nenhum colosso-moral, – eu sou até mesmo uma contra-natureza a toda espécie de ser humano que, até agora, foi reverenciado como virtuoso. Cá entre nós, parece-me que exatamente isso faz parte do meu or-

1. *Nota sobre a tradução*: A edição utilizada é a que se encontra no Volume 6 da Kritische Studienausgabe in 15 Bände, G. Colli & M. Montinari (eds). Berlin & New York: Walter de Gruyter, 1988. Também foi consultada a Kritische Gesamtausgabe: Werke, G. Colli & M. Montinari (eds). Berlin e New York: Walter de Gruyter, 1967-. Foram cotejadas as seguintes traduções: *O Anticristo*. Trad. Paulo César de Souza. São Paulo: Cia. das Letras, 1995. *Ecce Homo* (Trechos). Trad. Rubens Rodrigues Torres Filho. In: *Obras Incompletas*. São Paulo: Abril Cultural, 1983. *Ecce Homo*. Trad. Roberto Calasso. In: *Il caso Wagner*; *Crepuscolo degli idole. L'Anticristo. Ecce Homo. Nietzsche contra Wagner*. Milano: Adelphi, 1970. *Ecce Homo*. Trad. Judith Norman. In: *The Anti-Christ, Ecce Homo, Twilight of the Idols, and Other Writings*. Cambridge: Cambridge University Press, 2005. *Ecce Homo*. Trad. Andrés Sánchez Pascual. Madrid: Alianza Editorial, 2005. A pontuação original foi mantida. Todas as notas de rodapé – limitadas, de resto, ao necessário para a compreensão do original – são de responsabilidade do tradutor.

gulho. Eu sou um discípulo do filósofo Dionísio, eu preferiria ser, antes, um sátiro que um santo. Mas apenas que se leia este escrito. Talvez eu tenha conseguido, talvez este escrito não tenha nenhum outro sentido senão o de exprimir essa oposição de uma forma jovial e filantrópica. A última coisa que *eu* prometeria seria "melhorar" a humanidade. Nenhum novo ídolo será alçado por mim; que os antigos aprendam o que é ter pés de barro. *Tombar ídolos* (minha palavra para "ideais") – isso, sim, faz parte do meu ofício. A realidade foi usurpada em seu valor, seu sentido, sua veracidade, na medida em que foi *forjado* um mundo ideal... O "verdadeiro mundo" e o "mundo aparente" – em bom português: o mundo *forjado* e a realidade... A *mentira* do ideal foi até agora a maldição sobre a realidade, a própria humanidade foi por meio dela enganada e falseada até os seus instintos mais primários – até a adoração dos valores que são o *avesso* daqueles com os quais lhe seriam assegurados a prosperidade, o futuro, o elevado *direito* ao futuro.

3.

– Quem sabe respirar o ar dos meus escritos sabe que é um ar das alturas, um ar *forte*. É preciso ser feito para ele, do contrário não é pequeno o perigo de resfriar-se nele. O gelo está próximo, a solidão é colossal – mas como todas as coisas ficam calmas na luz! Como se respira livremente! Quantas coisas se sente *abaixo* de si! – A filosofia, como eu até então a compreendi e vivi, é a vida voluntária no gelo e nas altas montanhas – a busca de tudo o que é alheio e questionável na existência, de tudo aquilo que até agora fora proscrito pela moral. De uma longa experiência obtida através de tal caminhada no *proibido* aprendi a considerar de modo bem diferente do que pode ser desejado as causas pelas quais, até agora, se moralizou e se idealizou: veio-me à luz a história *oculta* dos filósofos, a psicologia de seus grandes nomes. – Quanto de verdade *suporta*, quanto de verdade *arrisca* um espírito? Isso foi, para mim, cada vez mais a autêntica escala de valor. Erro (– a crença no ideal –) não é cegueira, erro é *covardia*... Toda conquista, todo passo adiante no conhecimento *segue-se* da coragem, da dureza para consigo, do asseio para consigo... Eu não refuto os ideais, eu apenas visto luvas diante deles... *Nitimur in vetitum* [lançamo-nos no proibido]: nesse sinal, minha filosofia irá em algum momento triunfar, pois até agora apenas a verdade foi fundamentalmente proibida. –

4.

No interior dos meus escritos, o meu *Zaratustra* se destaca. Com ele, ofertei à humanidade o maior dos presentes que até então lhe havia sido ofertado. Esse livro, com uma voz que perdura milênios, é não apenas o maior livro que existe, o genuíno livro do ar das alturas – todo o fato de o ser humano está *abaixo* dele numa gigantesca distância –, ele é também o *mais profundo*, o que nasceu da mais íntima riqueza da verdade, uma fonte inesgotável, na qual não desce balde algum que não suba novamente cheio de ouro e bondade. Não fala, aqui, nenhum "profeta", nenhum daqueles lúgubres híbridos de enfermidade e vontade de potência que são chamados de fundadores de religião. É preciso, antes de tudo, *escutar* corretamente o tom que sai dessa boca, esse tom alciônico, para não fazer uma lamentável injustiça ao sentido de sua sabedoria. "São as palavras mais silenciosas que trazem a tempestade. Os pensamentos que vêm com pés de pombas são os que dirigem o mundo".[2]

"Os figos caem das árvores: são bons e doces; e conforme caem, abre-se-lhes a pele vermelha. Eu sou um vento do Norte para os figos maduros.

Assim como figos, caem em vós estas lições, meus amigos: tomai-lhes o sumo e a doce polpa. À nossa volta, reina o outono, e o céu puro da tarde –".[3]

Aqui não fala nenhum fanático, aqui não "se prega", aqui não se exige *fé*: de uma infinita abundância de luz e profundeza de felicidade cai lágrima por lágrima, palavra por palavra, – uma tenra lentidão é o ritmo desse discurso. Algo assim só podem obter os pouquíssimos eleitos; trata-se de um privilégio sem igual ser, aqui, ouvinte; ninguém está livre para dar ou não ouvidos a Zaratustra... Com tudo isso, Zaratustra não é um *sedutor*?... Mas o que é que ele

---

2. *Zaratustra*, II: "A hora mais silenciosa".

3. *Zaratustra*, II: "Nas ilhas bem-aventuradas".

próprio diz quando, pela primeira vez, retorna à sua solidão? Exatamente o contrário daquilo que diria, em um tal caso, um "sábio", "santo", "redentor do mundo" e qualquer outro *décadent*... Ele não apenas fala diferentemente, ele também *é* diferentemente...

"Agora, meus discípulos, vou sozinho! Segui vós sozinhos também. Quero-o assim.

De todo coração vos dou este conselho: Afastai-vos de mim e precavei-vos de Zaratustra! E melhor ainda: Envergonhai-vos dele! Talvez vos tenha enganado.

O homem do conhecimento não só deve saber amar a seus inimigos, mas também a odiar os seus amigos.

Mal corresponde ao mestre o que não passa nunca de discípulo. E por que não quereis arrancar minha coroa?

Vós me venerais; mas, que ocorreria se um dia *tombasse por terra* a vossa veneração? Cuidai-vos de que não vos esmague uma estátua!

Dizeis que acreditais em Zaratustra? Mas, que importa Zaratustra? Vós sois meus crentes; mas, que importam todos os crentes!

Vós não vos havíeis buscado ainda; então me encontrastes. Assim fazem todos os crentes: por isso é a fé tão pouca coisa.

Agora vos mando que me percais e que encontreis a vós mesmos; *e só quando todos me tenham renegado*, voltarei para vós...".[4]

Friedrich Nietzsche.

---

4. *Zaratustra* I, "Da virtude dadivosa".

ÍNDICE

5. As duas seções entre colchetes foram apenas planejadas por Nietzsche, mas nunca redigidas.

*

*   *

Neste dia perfeito, em que tudo amadurece e não apenas a uva se acastanha, caiu neste instante um raio de sol sobre minha vida: eu olhei para trás, eu olhei para fora, eu nunca vi de uma só vez tantas coisas e tão boas. Não por acaso, eu sepultei hoje meu quadragésimo quarto ano, era-me *permitido* sepultá-lo, – Aquilo que nele era vida está salvo, é imortal. A *Transvaloração de todos os Valores*, os *Ditirambos de Dionísio* e, para repouso, o *Crepúsculo dos ídolos* – tudo isso um presente deste ano, mesmo de seu último trimestre! *Como eu não deveria ser grato a toda a minha vida?* E então eu narro minha vida.

*   *

*

POR QUE EU SOU TÃO SÁBIO

1.

A felicidade da minha existência, talvez a sua unicidade, repousa em sua sina: para exprimi-lo de forma enigmática, eu já estou morto, como meu pai, eu ainda vivo e envelheço, como minha mãe. Essa dupla filiação, como que advinda dos rebentos mais altos e mais baixos na escala da vida, *décadent* e ao mesmo tempo *início* – se algo, é isso o que explica aquela neutralidade, aquela liberdade de partidos na relação com todo o problema da vida que, talvez, me distingue. Para os sinais de ascensão e queda, tenho um faro mais fino do que qualquer outro ser humano já teve, eu sou o mestre *par excellence* disso, – eu conheço ambos, eu sou ambos. – O meu pai morreu com trinta e seis anos: ele era franzino, amável e mórbido, como um ser destinado apenas a estar de passagem, – antes, uma bondosa lembrança da vida do que a vida mesma. No mesmo ano em que sua vida degringolava, a minha também degringolava: no meu trigésimo sexto ano de vida, eu cheguei ao ponto mais baixo de minha vitalidade, – eu vivia ainda, mas sem enxergar três passos à minha frente. Àquela época – era 1879 – eu renunciei ao meu cargo de professor universitário na Basileia, sobrevivia ao verão como uma sombra em St. Moritz e o inverno seguinte, o mais pobre de sol de minha vida, *como* sombra em Naumburg. Esse foi meu ponto mais baixo: "O Andarilho e sua Sombra" surgiu durante esse tempo. Sem dúvida, eu entendia de sombras àquela época... No inverno seguinte, o meu primeiro inverno genovês, aquele edulcorar e inebriar, que é praticamente condicionado por uma extrema pobreza no sangue e nos músculos, produziu a "Aurora". A perfeita claridade e jovialidade, mesmo a exuberância do espírito, a qual reflete a obra mencionada, é compatível, em mim, não apenas com a mais profunda fraqueza psicológica, mas até mesmo com um excesso de sensação de dor. Em meio a martírios trazidos por uma enxaqueca que perdura três dias ininterruptamente, acompanhada de vômitos mucosos, – eu possuía uma clareza de dialético *par ex-*

cellence e examinava a fundo, com muito sangue frio, coisas para as quais eu, em condições mais saudáveis, não sou alpinista, não sou refinado, não sou *frio* o suficiente. Os meus leitores talvez saibam em que medida eu considero a dialética como um sintoma de decadência, por exemplo no caso mais célebre de todos: o caso de Sócrates. – Todas as perturbações enfermiças do intelecto, mesmo aquele semiaturdimento que acompanha a febre, permanecem, até hoje, coisas completamente estranhas para mim, sobre cuja natureza e frequência eu só me instruí de forma acadêmica. O meu sangue circula lentamente. Ninguém tinha podido até então constatar febre em mim. Um médico, que durante muito tempo me tratou como um doente nervoso, disse por fim: "Não! Não há nada errado com os seus nervos, eu mesmo é que estou nervoso". Uma degeneração local qualquer não podia ser em absoluto detectada; nenhuma dor de estômago condicionada organicamente, por menor que fosse, como consequência de um cansaço completo, a mais profunda fraqueza do sistema gástrico. Também a dor nos olhos, que por vezes se aproximava perigosamente da cegueira, era apenas consequência, não causa: de modo que, com todo acréscimo de força vital, também a visão novamente melhorava. – Uma série longa, demasiado longa de anos significa recuperação para mim, – ao mesmo tempo, ela significa também, infelizmente, reincidência, declínio, intermitência de uma espécie de *décadence*. Após tudo isso, preciso eu dizer que sou *experiente* em questões da *décadence*? Eu a soletrei de trás para frente. Mesmo aquela arte de filigrana de tomar e apreender em geral, aquele dedo para *nuances*, aquela psicologia do "ver-por-outro-ângulo" e tudo o mais que me é próprio, tudo isso aprendi primeiramente àquela época, é o genuíno presente daquele tempo, quando tudo em mim se sofisticou, a própria observação bem como todos os órgãos de observação. Da ótica de doente para o apreender e valorar *mais saudáveis*, e, inversamente, da abundância e certeza de si da vida *rica,* lançar um olhar para abaixo até o trabalho furtivo do instinto de decadência – esse foi meu exercício mais longo, minha genuína experiência, quando me tornei mestre, se é que eu o sou em algo. Eu agora tenho isso em mãos, eu tenho a mão para *transverter perspectivas*: a primeira razão pela qual talvez somente para mim seja em geral possível uma "transvaloração dos valores". –

2.

Pois, descontando-se o fato de que eu sou um *décadent*, eu sou também sua contraposição. A minha prova para tanto é que, entre outras coisas, eu instintivamente escolhi, contra piores circunstâncias, sempre os meios *corretos*: ao passo que o *décadent* em si sempre escolhe meios que lhe são prejudiciais. Como *summa summarum* [tudo considerado] eu era sadio, sob certo ângulo, como especialidade, eu era *décadent*. Aquela energia para o absoluto isolamento e dissolução de relações habituais, a coerção contra mim mesmo, para não mais me deixar cuidar, servir, *medicar* – isso denuncia a incondicional certeza de instinto sobre *o que*, àquela época, era necessário antes de tudo. Eu tomei a mim mesmo à mão, eu fiz a mim mesmo novamente sadio: a condição para tanto – todo psicólogo irá admiti-lo – é *que se esteja, no fundo, sadio*. Um ser tipicamente mórbido não pode tornar-se sadio, muito menos tornar a si mesmo sadio; para alguém tipicamente sadio, inversamente, estar enfermo pode até mesmo ser um enérgico *estimulante* para a vida, para o viver-mais. De fato, aquele longo período de enfermidade assim me parece *agora*: eu como que redescobri a vida, incluindo a mim mesmo, eu saboreei todas as coisas boas e até mesmo as pequenas de um modo como os outros não poderiam facilmente saborear, – eu fiz minha filosofia a partir da minha vontade de saúde, de *vida*... Que, pois, se preste atenção a isto: os anos em que minha vitalidade estava mais baixa foram aqueles em que eu *deixei* de ser pessimista: o instinto de reestabelecimento de si *proibia*-me uma filosofia da pobreza e do desalento... E em que se reconhece fundamentalmente o *ser bem-sucedido*! Que um homem bem-sucedido faça bem aos nossos sentidos: que ele seja talhado de uma madeira que é ao mesmo tempo dura, delicada e perfumada. A ele apetece apenas o que lhe é favorável; seu agrado, seu prazer acaba onde se ultrapassa a medida do que é favorável. Ele adivinha remédios contra lesões, ele aproveita más situações para seu proveito; o que não o mata o fortalece. De tudo o que vê, ouve, vivencia, ele acumula instintivamente a *sua* soma: ele é um princípio que elege, ele reprova muita coisa. Ele está sempre em *sua* companhia, circule ele por livros, seres humanos ou paisagens; ele honra ao *escolher*, ao *consentir*, ao *confiar*. A toda espécie de estímulo ele reage lentamente, com aquela lentidão que foi nele cultivada por uma longa cautela e por um desejado orgulho, – ele põe à prova o estímulo que surge, ele está longe de ir ao seu encontro. Ele não crê nem no "infortúnio" nem na "culpa": ele dá um basta consigo mesmo, com os outros, ele sabe *esquecer*, – ele é forte o suficiente para que tudo *tenha de* lhe prestar para o melhor. – Ora bem, eu sou a *contraparte* de um *décadent*: pois eu, por certo, *descrevi*-me.

3.

Eu considero como um grande privilégio ter tido um tal pai: os camponeses para os quais pregava – pois, após ter vivido alguns anos na corte de Altenburg, ele foi pregador nos seus últimos anos – diziam que um anjo deveria ter essa aparência. – E com isso toco a questão da raça. Eu sou um fidalgo polonês *pur sang*, no qual não está misturado nem um único pingo de sangue ruim, menos ainda sangue alemão. Se procuro a mais profunda oposição a mim, a imponderável ignomínia dos instintos, sempre encontro então minha mãe e minha irmã, – crer que sou aparentado com tal *canaille* [canalha] seria uma blasfêmia à minha divindade. O tratamento que recebo por parte de minha mãe e minha irmã até esse instante insufla em mim um horror indizível: opera, aqui, uma perfeita máquina infernal, com uma certeza infalível sobre o instante em que eu posso me ferir até sangrar – nos meus instantes mais supremos..., pois falta aqui qualquer força para defender-se contra vermes venenosos... A contiguidade fisiológica possibilita uma tal *disharmonia praestabilita* [desarmonia preestabelecida]... Mas eu reconheço que a objeção mais profunda contra o "eterno retorno", meu pensamento propriamente *abismal*, são sempre minha mãe e irmã. – Mas também como polaco eu sou um gigantesco atavismo. Seria necessário retroceder séculos para encontrar essa raça, a mais nobre que houve sobre a Terra, na extensão mais pura de instintos, como eu a apresento. Para com tudo o que, hoje, se chama *noblesse* [nobreza], eu tenho um sentimento soberano de distinção, – ao jovem imperador alemão, eu não concederia a honra de ser meu carroceiro. Há um único caso em que reconheço meu semelhante – eu o confesso com profunda gratidão. A senhora Cosima Wagner é, de longe, a natureza mais nobre; e, para dizer o mínimo, digo que Richard Wagner foi, de longe, o homem mais aparentado a mim... O resto é silêncio... Todos os conceitos dominantes sobre grau de parentesco são um contrassenso fisiológico que não pode ser sobrepujado. O papa tem até hoje afazeres com esse contrassenso. É-se aparentado o *mínimo possível* com seus pais: seria o sinal mais extremo de ignomínia ser aparentado com seus pais. As naturezas superiores têm sua origem infinitamente mais atrás, para chegar até elas foi preciso acumular, poupar, estocar o mais longamente possível. Os *grandes* indivíduos são os mais antigos: eu não o entendo, mas Júlio César poderia ter sido meu pai – *ou* Alexandre, esse Dionísio encarnado... Nesse instante em que escrevo isso o correio me traz uma cabeça de Dionísio...

4.

Eu nunca entendi a arte de se posicionarem contra mim – também isso agradeço ao meu incomparável pai – e mesmo quando parecia de grande valia fazê-lo. Muito embora isso possa parecer algo não cristão, eu nunca me posicionei contra mim mesmo, nem mesmo uma única vez. Pode-se virar e revirar minha vida, não se descobrirá, descontando aquele único caso, nenhum indício de que alguém tenha tido má vontade contra mim, – mas, antes, talvez indícios um pouco excessivos de *boa* vontade... As minhas experiências mesmo com aqueles com os quais qualquer um tem más experiências falam, sem exceção, a favor deles; eu domestico qualquer urso, eu torno decentes os arlequins. Nos sete anos em que ensinei grego nas classes mais avançadas do Pädagogium da Basileia, eu não tive nenhuma oportunidade de infligir uma punição; os mais preguiçosos eram aplicados comigo. Eu sempre pude lidar com o acaso; eu preciso estar despreparado para ser meu senhor. O instrumento, qualquer que ele seja, seja ele tão desafinado como apenas o instrumento "ser humano" pode ser – eu precisaria estar doente para que não me fosse possível obter dele algo audível. E quão frequentemente eu ouvi dos próprios "instrumentos" que eles nunca tinham se ouvido *dessa maneira*... Talvez o de mais belo ouvi de Heinrich von Stein, falecido imperdoavelmente jovem, que uma vez, após uma permissão obtida cuidadosamente, apareceu por três dias em Sils-Maria, explicando a todos que ele *não* vinha devido à Engadina. Esse ser humano distinto, que com toda a intempestiva simplicidade de um *Junker* prussiano estava chafurdado no lodaçal de Wagner (– e, ademais, também no de Dühring!), fora como que transformado nesses três dias por meio de um vendaval de liberdade, parecido a alguém que, repentinamente, é alçado à *sua* altura e obtém asas. Eu sempre lhe dizia que o bom ar daqui de cima fazia isso, acontecia a todos, não por acaso se está a 6.000 pés acima de Bayreuth, – mas ele não queria acreditar em mim... Se, apesar disso, eu sofria algumas pequenas ou grandes injúrias, a razão para tanto não era "a vontade", menos ainda a "vontade *má*": antes, eu teria de me queixar – e eu já dei a entender isso – da vontade boa, que provocou na minha vida distúrbios nada pequenos. As minhas experiências me dão uma prerrogativa à desconfiança, em geral, relativamente aos impulsos chamados de "abnegados"[6], a todo o "amor ao próximo" preparado para conselho e ação. Eu o considero em si como fraqueza, como caso isolado da incapacidade de resistir a estímulos, – a *compaixão* é uma virtude apenas nos *décadents*. Eu repreendo os compassivos pelo fato de deixarem facilmente perder a vergonha, a reverência, o sentimento tenro por distâncias, pelo fato de a compaixão, de chofre, cheirar à plebe e parecer idêntica a más maneiras, – pelo fato de, sob certas circunstâncias, mãos compassivas poderem, de modo francamente destruidor, imiscuir-se em um grande destino, em um isolamento entre feridas, em um *privilégio* a uma pesada culpa. Eu conto a superação da compaixão entre as virtudes *nobres*: como "tentação de Zaratustra" eu contei poeticamente um caso em que lhe surge um grito de socorro, em que a compaixão o acomete como um último pecado, querendo despojá-lo de *si mesmo*. Permanecer aqui, senhor, manter aqui a *altura* de sua tarefa purificada dos muitos ímpetos baixos e de vista curta que são

---

6. *Selbstlos*. Trata-se de um dos termos recorrentes que, ao lado de outros aparentados e que são discutidos em notas adiante, impõem dificuldades para a tradução. Nesse contexto, o prefixo "*selbst-*" significa "si" ou, dependendo da palavra, também "auto"; já o sufixo "*-los*" designa uma falta, uma ausência, podendo, a depender da palavra, ser traduzido pelos prefixos "des-", "a-" etc. Para a tradução de *selbstlos*, no entanto, optou-se por uma palavra que nos parece mais próxima do sentido original pretendido por Nietzsche: *selbstlos[e]* seriam aqueles impulsos, seres humanos etc., que "esquecem", "negam", "renunciam" a si próprios, a seus próprios interesses, necessidades etc., donde a opção por "abnegado".

ativos nas chamadas ações abnegadas – essa é a provação, talvez a provação derradeira pela qual um Zaratustra tem de passar – a sua genuína *demonstração* de força...

5.

Também em um outro ponto eu, mais uma vez, sou simplesmente meu pai e como que sua sobrevida após uma morte muito prematura. Igual àquele que nunca viveu em meio a seus iguais e para o qual o conceito "retaliação" é tão refratário como, por exemplo, o conceito de "direitos iguais", eu me proíbo toda contramedida, toda medida preventiva nos casos em que uma estupidez pequena ou *muito grande* me é cometida, – e, como é justo, também toda defesa, toda "justificação". A minha espécie de retaliação consiste em, o mais rápido possível, fazer seguir à estupidez uma esperteza: assim ela talvez seja compensada. Dito numa parábola: eu mando um pote de doces para me livrar de uma história *azeda*... É só me fazer algo ruim, eu "retalio", disso tenham certeza: em pouco tempo eu encontro uma oportunidade de exprimir meu agradecimento ao "malfeitor" (por vezes, até mesmo pelo malfeito) – ou para *pedir*-lhe algo, o que pode ser mais conciliatório do que dar algo... Também me parece que a palavra mais impolida, a carta mais impolida é mais benigna, mais *honnetter* [honesto] do que o silêncio. Aqueles que se silenciam carecem, quase sempre, de fineza e cortesia do coração; silenciar é uma objeção, engolir garganta abaixo faz necessariamente um mau-caráter, – isso até deteriora o estômago. Todos os que silenciam são dispépticos. – Perceba-se que eu não gostaria de ver desprezada a impolidez, ela é de longe a forma mais *humana* da contradição e, em meio à tendência moderna de mimar em excesso, uma de nossas primeiras virtudes. – Quando se é rico o suficiente para tanto, trata-se mesmo de uma felicidade ser injusto. Um Deus que viesse à Terra não poderia *fazer* mais nada senão injustiça, – divino só seria assumir para si não a punição, mas, antes, a *culpa*.

6.

A liberdade em relação ao ressentimento, o esclarecimento sobre o ressentimento – quem sabe o quanto eu, por fim, também aqui sou grato à minha longa enfermidade! O problema não é exatamente simples: é preciso tê-lo experimentado a partir da força e a partir da fraqueza. Se alguma coisa qualquer tenha de ser afirmada contra estar enfermo, contra estar fraco, então se trata de que, aqui, o genuíno instinto de cura, isto é, o *instinto de ataque e de defesa*, deteriora-se no ser humano. Não se sabe desvencilhar-se de nada, não se sabe dar basta em nada, não se sabe repelir nada, – tudo fere. Ser humano e coisa aproximam-se impertinentemente, as vivências tocam muito profundamente, a lembrança é uma ferida purulenta. Estar enfermo *é* uma espécie do próprio ressentimento. – Contra isso, o enfermo tem apenas um único grande remédio – eu o denomino o *fatalismo russo*, aquele fatalismo sem revolta, com o qual um soldado russo, para quem a campanha torna-se muito dura, acaba por deitar-se na neve. Não aceitar mais nada, tomar nada para si, acolher nada *em* si – não mais reagir... A grande razão desse fatalismo, o qual nem sempre é apenas a coragem para a morte, como mantenedor da vida sob as circunstâncias mais perigosas à vida, é o rebaixamento do metabolismo, a sua retardação, uma espécie de vontade de hibernação. Alguns passos adiante nessa lógica e tem-se o faquir, que dorme por semanas em uma sepultura. Já que seríamos consumidos muito rapidamente *caso* reagíssemos de todo, então não reagimos mais de forma alguma: esta é a lógica. E com nada se é abrasado mais velozmente do que pelos afetos de ressentimento. O zangar-se, a vulnerabilidade enfermiça, a impotência de vingança, o desejo, a sede pela vingança, a preparação de veneno em todos os sentidos – para os exauridos, essa é certamente a forma mais desvantajosa de reagir: está aqui implicada uma consumação rápida das forças nervosas, uma intensificação doentia de evacuações prejudiciais, por exemplo, a bile no estômago. O ressentimento é o proibido *em si* para o enfermo – o *seu* mal: infelizmente também a sua propensão mais natural. – Isso foi compreendido por aquele profundo fisiólogo, Buda. A sua "religião", que deveria ser mais bem designada como uma *higiene* para que não seja confundida com coisas tão dignas de pena como o cristianismo, teve o seu impacto independentemente do triunfo sobre o ressentimento: libertar *dele* a alma – primeiro passo para a recuperação. "A inimizade não termina por meio da inimizade, a inimizade termina por meio da amizade": isso se encontra no início do ensinamento de Buda – assim fala *não* a moral, assim fala a fisiologia. – O ressentimento, nascido da fraqueza, mais prejudicial a ninguém senão ao próprio fraco, – no outro caso, em que se pressupõe uma natureza rica, um sentimento *supérfluo*, um sentimento de permanecer senhor dele, que é praticamente a prova da riqueza. Quem conhece a seriedade com que minha filosofia acolheu, até ao interior da doutrina da "vontade livre", a luta com os sentimentos de vingança e rancor – a luta com o cristianismo é apenas um caso isolado disso – entenderá por que estou colocando na prática, aqui, meu comportamento pessoal, minha *certeza de instinto*. Nos tempos da *décadence* eu os *proibi*, a mim, como prejudiciais; tão logo a vida se tornara novamente rica e orgulhosa o suficiente para tanto, eu os proibi, a mim, como *abaixo* de mim. Aquele "fatalismo russo" do qual falei surgiu-me por eu ter me atido por anos tenazmente a situações, lugares, moradias, companhias quase insuportáveis, após elas, por um acaso, se me terem dado, – isso era melhor do que mudá-los, do que *senti*-los como modificáveis, – do que se insurgir contra eles... Perturbar-me nesse fatalismo, despertar-me violentamente, isso era levado por mim, àquela altura, mortalmente a mal: – na verdade, também sempre foi mortalmente perigoso. – Tomar a si mesmo como um fado, não querer a si "de outro modo" – essa é, em tais circunstâncias, a própria *grande razão*.

7.

Uma outra coisa é a guerra. Pela minha maneira de ser, eu sou belicoso. Atacar faz parte dos meus instintos. *Poder* ser inimigo, ser inimigo – isso pressupõe talvez uma natureza forte, é em todo caso condição de toda natureza forte. Ela precisa de resistências, por conseguinte, ela *busca* resistência: o páthos *agressivo* faz parte tão necessariamente da força quanto os sentimentos de vingança e rancor fazem parte da fraqueza. A mulher, por exemplo, é vingativa: isso é determinado por sua fraqueza, assim como sua suscetibilidade às dificuldades alheias. – A força do agressor possui, na rivalidade de que ele necessita, uma espécie de *medida*; todo crescimento se revela na procura por um rival mais poderoso – ou por um problema mais poderoso: pois um filósofo que é belicoso desafia também problemas para o duelo. A tarefa *não* é assenhorear-se de quaisquer resistências, mas, antes, daquelas nas quais é preciso empenhar toda a sua força, maleabilidade e maestria de armas, – assenhorar-se de um adversário *igual*... Igualdade diante do inimigo – primeiro pressuposto para um duelo *íntegro*. Lá *onde* se despreza não se *pode* guerrear; lá onde se comanda, onde se vê algo *abaixo* de si, não se *tem* de guerrear. – Minha prática de guerra pode ser resumida em quatro proposições. Primeiro: eu ataco apenas coisas que são vitoriosas – em algumas oportunidades, eu espero até que elas sejam vitoriosas. Segundo: eu ataco apenas coisas em que não encontraria aliados, em que eu estou sozinho, – em que me comprometo sozinho... Eu nunca dei um passo publicamente que não comprometesse: esse é *meu* critério do agir correto. Terceiro: eu nunca ataco pessoas, – eu me utilizo da pessoa apenas como de uma forte lente de aumento, com a qual se pode tornar visível uma calamidade geral, mas furtiva, pouco palpável. Assim ataquei David Strauss, mais exatamente o *sucesso*, na "cultura" [Bildung] alemã, de um livro decrépito, – eu apanhei essa cultura em flagrante... Então eu ataquei Wagner, mais exatamente a falsidade, o instinto mestiçado de nossa "cultura" [Cultur], que confunde os refinados com os ricos, os tardios com os grandes. Quarto: eu apenas ataco coisas nas quais está excluída toda diferença pessoal, nas quais falta todo pano de fundo de más experiências. Pelo contrário, atacar é para mim uma prova de benevolência, por vezes de gratidão. Eu honro, eu distingo ao ligar meu nome ao de uma coisa, de uma pessoa: a favor ou contra – isso me é indiferente. Se faço guerra ao cristianismo, isso então me compete, pois dessa parte não vivenciei fatalidades ou inibições, – os cristãos mais sérios sempre foram acolhedores comigo. Eu mesmo, um rival do cristianismo *de rigueur* [de rigor], estou longe de guardar rancor de indivíduos pelo que é a fatalidade de milênios. –

8.

Posso arriscar-me a aludir a um último traço de minha natureza que, no trato com seres humanos, causa-me não poucas dificuldades? Compete-me uma suscetibilidade absolutamente tétrica do instinto de asseio, de modo que percebo fisiologicamente a proximidade ou – o que digo? – o que há de mais interior, o que é "visceral" de toda alma – eu *sinto o cheiro*... Nessa suscetibilidade eu tenho antenas psicológicas com as quais toco e tomo à mão qualquer segredo: já quase no primeiro contato tomo consciência de muita sujeira *escondida* no fundo de algumas naturezas, talvez condicionada pelo sangue ruim, mas recoberta por verniz de educação. Se observei corretamente, tais naturezas nocivas ao meu asseio também percebem, por seu turno, a cautela de meu asco: elas se não se tornam com isso bem-cheirosas... Eu sempre me acostumei assim – uma extrema limpidez para comigo é a pressuposição da minha existência, eu pereço sob condições impuras –, eu como que nado, banho-me e murmulho constantemente na água, em algum elemento perfeitamente translúcido e polido. Isso faz do contato com os seres humanos uma prova de paciência nem um pouco pequena para mim; minha humanidade *não* consiste em simpatizar com o que é o ser humano, mas, antes, em *suportar* que eu simpatize com ele... Minha humanidade é uma constante autossuperação. – Mas tenho necessidade de *solidão*, quer dizer, recuperação, retorno a mim, o sopro de um ar livre, leve, lúdico... Todo o meu Zaratustra é um ditirambo à solidão, ou, se fui bem compreendido, à *pureza*... Por sorte, não à *pura estupidez*. – Quem tem olhos para cores irá chamá-lo de diamante. – O *asco* pelo ser humano, pela "escória" foi sempre meu maior perigo... Quer-se ouvir as palavras com as quais Zaratustra fala sobre a *redenção* em relação ao asco?

Mas o que me sucedeu? Como me redimo desse asco? Quem rejuvenesceu meu olhar? Como atingi num rápido voo a altura em que nenhuma escória se senta à beira do poço?

É meu asco que me deu asas e forças para descobrir fontes? Na verdade, tive de voar até os cimos para reencontrar a fonte do prazer! –

Oh! Eu a encontrei, meus irmãos! Aqui, nos cimos, jorra para mim a fonte do prazer! E há uma vida da qual a escória nunca bebeu junto.

Tu jorras quase sempre com bastante violência, fonte do prazer! E muitas vezes esvazias o copo ao querer enchê-lo.

Eu ainda preciso aprender a aproximar-me com mais prudência; meu coração ainda se lança ardentemente demais ao teu encontro:

– Em meu coração, onde flameja o meu verão, o verão breve, ardente, melancólico, ditoso de bem-aventurança: como esse coração de verão aspira à tua frescura!

Dissipada a tristeza hesitante de minha primavera! Levada pela malícia dos meus flocos de neve de junho! Não sou mais do que verão e pleno meio-dia de verão, –

– Verão nos cimos, com fontes frescas e silêncio bem-aventurado; ó meus amigos, vinde, que o silêncio se encherá de uma bem-aventurança ainda maior!

Pois é aqui o *nosso* cimo e nossa pátria; moramos aqui demasiadamente alto para os impuros e para a sua sede.

Lançai os vossos olhares puros no fundo de minha fonte do meu prazer, amigos! Como será ela perturbada? Ela vos sorrirá com a *sua* pureza.

Sobre a árvore futura, construiremos nosso ninho; águias trarão a nós, solitários, o alimento em seus bicos!

Na verdade, os impuros não terão nenhuma participação nesse alimento! Eles acreditariam alimentar-se de fogo e as suas goelas se queimariam.

Na verdade, não ofereceremos aqui asilo aos impuros! Aos seus corpos como aos seus espíritos, a nossa felicidade será chamada de uma caverna de gelo!

E desejamos viver bem alto acima deles, como fortes ventos, na vizinhança das águias, na vizinhança das neves e na vizinhança do sol; assim vivem os fortes ventos.

E igual ao vento, eu soprarei sobre eles e com meu espírito cortarei o sopro do espírito deles: assim desejo meu futuro.

Na verdade, Zaratustra sopra como um grande vento acima de todos os vales: e eis o conselho que dá aos seus inimigos e a tudo o que tosse e cospe: 'Cuida-vos de cuspir *contra* o vento!..."[7]

---

7. *Zaratustra*, II. "Da escória".

POR QUE EU SOU TÃO ESPERTO

1.

– Por que eu sei algo a *mais*? Por que eu sou, no geral, tão esperto? Eu nunca refleti sobre perguntas que não são perguntas, – eu não me desperdicei. – Por exemplo, eu não conheço, de experiência, dificuldades propriamente *religiosas*. Passa-me completamente desapercebido em que medida eu deva ser "pecaminoso". Da mesma forma, falta-me um critério confiável do que seja um remorso: segundo o que se *ouve* sobre isso, um remorso parece-me algo nada respeitável... Eu não gostaria de abandonar uma ação *posteriormente*, eu preferiria deixar fundamentalmente de fora da questão de valor o mau desfecho, as *consequências*. No mau desfecho, perde-se muito facilmente o olhar *correto* para aquilo que se cometeu: um remorso parece-me uma espécie de "olhar *mau*". Honrar tanto mais por si algo que falha *porque* ele falhou – isso, antes, faz parte da minha moral. – "Deus", "imortalidade da alma", "redenção", "o além", meros conceitos aos quais não dediquei nenhuma atenção, tampouco tempo, mesmo quando era criança, – eu talvez nunca fui infantil o suficiente para tanto? – Eu não conheço de forma alguma o ateísmo como resultado, menos ainda como acontecimento: ele é evidente em mim por instinto. Eu sou muito curioso, muito *questionável*, muito altivo para me dar por satisfeito com uma resposta tão tosca. Deus é uma resposta tosca, uma indelicadeza contra nós, pensadores –, no fundo, até mesmo apenas uma tosca *proibição* a nós: vós não deveis pensar!... De maneira bem diferente me interessa uma pergunta da qual mais depende a "salvação da humanidade" do que de uma curiosidade qualquer de teólogo: a pergunta da *alimentação*. Ela poderia ser, para uso comum, formulada assim: "como *tu* tens de nutrir-te para chegar ao teu máximo de força, de *virtù* ao estilo da Renascença, de virtude livre de hipocrisia?" – Minhas experiências são, aqui, as piores possíveis; eu me admiro por ter ouvido tão tarde essa pergunta, por ter aprendido tão tarde, a partir dessas experiências, a "razão". Apenas a perfeita indignidade de nossa cultura alemã – o seu "idealismo" – esclarece-me, de alguma maneira, por que eu era, exatamente aqui, retrógado até quase chegar à santidade. Essa "cultura", que de partida ensina a perder de vista as *realidades* para perseguir objetivos completamente problemáticos, chamados de objetivos "ideais", da "cultura clássica", por exemplo: – como se de partida não fosse algo condenado unir, em um conceito, "clássico" e "alemão"! Mais ainda, é hilário – pense, por exemplo, em alguém de Leipzig com "formação clássica"! – De fato, até meus anos mais maduros, eu comi sempre muito *mal,* – expresso em termos morais, "impessoalmente", "abnegadamente", "altruisticamente", para a bênção dos cozinheiros e outros correligionários cristãos. Por exemplo, pela cozinha de Leipzig, concomitantemente a meu primeiro estudo de Schopenhauer (1865), eu negava muito seriamente minha "vontade de vida". Com a finalidade de uma alimentação insuficiente, corromper também o estômago – a mencionada cozinha parecia-me solucionar esse problema de forma espantosamente feliz. (Diz-se que 1866 trouxe, aqui, uma virada –.) Mas a cozinha alemã de modo geral – a responsabilidade do que ela não leva na consciência! A sopa *antes* da refeição (o que é chamado, nos livros venezianos de culinária do século XVI, de *alla tedesca*); as carnes cozidas demais, os legumes feitos com muita gordura e farinhentos; a degeneração dos doces em pesos para papel! Somando-se a isso ainda a necessidade francamente bestial de reencher os copos, própria dos antigos, mas não apenas dos *antigos* alemães, entende-se também a procedência do *espírito alemão* – entranhas afligidas... O espírito alemão é uma indigestão, ele nunca está satisfeito. – Mas também a dieta *inglesa*, que, comparada com a alemã, mesmo com a francesa, é uma espécie de "regresso à natureza", a saber, ao canibalismo, repugna mais profundamente meu instinto próprio; parece-me que ela dá ao espírito pés *mais pesados* – pés de inglesas... A melhor cozinha é a do *Piemont*. – Bebidas alcóolicas me são prejudiciais; um copo de vinho ou cerveja ao dia basta-me por completo para fazer da minha vida um "vale de lágrimas", – em Munique vivem meus antípodas. Mesmo tendo compreendido isso um pouco tarde, eu o *vivencio* propriamente desde muito criança. Quando garoto, eu cria que beber vinho, assim como fumar tabaco, era inicialmente apenas uma vanidade de jovens homens, mais tarde um mau hábito. Talvez o vinho de Naumburg tenha sua parcela de culpa nesse juízo *áspero*. Crer que o vinho *ani-*

ma, para tanto eu teria de ser cristão, quer dizer, crer em algo que para mim é um absurdo. Curiosamente o bastante, com essa extrema contrariedade através de pequenas doses extremamente diluídas de álcool, torno-me praticamente um marinheiro quando se trata de doses *fortes*. Já quando garoto possuía nisso minha bravura. Redigir e ainda transcrever um longo tratado latino numa única vigília, com ambição na pena para imitar meu modelo Salústio no rigor e concisão, e derramar um pouco de grogue de forte calibre sobre meu latim, isso não estava, quando eu era estudante da honrável Schulpforta, em contradição alguma com minha fisiologia, tampouco talvez com a de Salústio – por mais que, sim, com a honrável Schulpforta... Mais tarde, por volta da metade da vida, decidi-me abertamente com cada vez mais força *contra* qualquer bebida "espirituosa": eu, um adversário por experiência do vegetarianismo, assim como Richard Wagner, que me converteu, não consigo, com seriedade suficiente, recomendar a abstenção incondicional de alcoólicos a todas as naturezas *mais espirituais*. *Água* é o bastante... Eu prefiro lugares onde se tenha oportunidade, por toda parte, de beber de fontes correntes (Nizza, Turim, Sils); um pequeno copo me acompanha como a um cão. *In vino* veritas [no vinho, a verdade]: parece-me que também aqui estou novamente em desacordo com todo o mundo quanto ao conceito de "verdade": – em mim, o espírito flutua por sobre a *água*... Mais algumas indicações de minha moral. Uma refeição pesada é mais fácil de se digerir do que uma pequena. Que o estômago, como um todo, entre em atividade, eis o primeiro pressuposto de uma boa digestão. É preciso *conhecer* o tamanho de seu estômago. Pelo mesmo motivo, desaconselham-se aquelas refeições arrastadas que eu chamo de festins sacrificiais interrompidos, as da *table d'hôte* [mesa do anfitrião]. – Nenhuma refeição intermediária, nenhum café: café anuvia. *Chá* é benéfico apenas pela manhã. Em pouca quantidade, mas energético; chá é muito prejudicial e faz mal durante todo o dia quando é apenas um pouco mais fraco. Cada um tem a sua medida, frequentemente entre os limites mais estreitos e delicados. Em um clima muito enervante, o chá é desaconselhável para iniciar: deve-se iniciar, uma hora antes, com uma xícara de chocolate grosso e sem gordura. – *Sentar-se* o menos possível; não dar crédito a nenhum pensamento que não tenha nascido ao ar livre e em livre-movimento, – no qual também os músculos não estejam em festa. Todos os preconceitos vêm das entranhas. – Não tirar o traseiro da cadeira – eu já o disse uma vez – o genuíno *pecado* contra o espírito santo. –

2.

A pergunta da alimentação é bem aparentada com a pergunta sobre *lugar* e *clima*. Ninguém é livre para viver em todos os lugares; e quem tem grandes tarefas a resolver, que desafiam todas as suas forças, tem aqui até mesmo uma escolha bem limitada. A influência climática sobre o *metabolismo*, suas inibições, suas acelerações, vai tão longe a ponto de um desacerto em lugar e clima poder não apenas alienar alguém de sua tarefa, mas também, de modo geral, privar-lha: ela nunca lhe dá as caras. O vigor animalesco nunca se lhe tornou grande o suficiente para que se alcance aquela liberdade que transborda até o que há de mais espiritual, onde se reconhece: *isto* pode ser feito apenas por mim... Mesmo pequena, uma inércia das entranhas que se tornou um mau hábito basta por completo para fazer de um gênio algo medíocre, algo "alemão"; o clima alemão só é suficiente para incapacitar entranhas fortes e mesmo dispostas heroicamente. O ritmo do metabolismo está numa relação exata com a mobilidade ou paralisia dos *pés* do espírito; o próprio "espírito" é mesmo apenas uma espécie desse metabolismo. Se se agrupam os lugares onde há e houve seres humanos ricos em espírito, onde engenho, refinamento, malícia faziam parte da felicidade, onde o gênio sentia-se quase que necessariamente em casa: eles tinham, todos, um ar distintamente seco. Paris, a Provença, Florença, Jerusalém, Atenas – esses nomes provam algo: o gênio é *condicionado* por um ar seco, por um céu puro, – ou seja, por um metabolismo rápido, pela possibilidade de continuamente prover grandes e mesmo colossais quantidades de força. Eu tenho um caso diante dos olhos em que um espírito insigne e predisposto a ser livre tornou-se, meramente por falta de fineza de instinto no aspecto climático, estreito, recolhido, especialista e ranzinza. Eu mesmo teria podido, por fim, tornar-me este caso, não tivesse a enfermidade me forçado à razão, à reflexão sobre a razão na realidade. Agora que, por longo exercício, leio em mim, como em um instrumento muito delicado e confiável, os efeitos de origem climática e meteorológica, e numa viagem curta, como, por exemplo, de Turim a Milão, calculo fisiologicamente em mim a mudança nos graus de umidade do ar, penso com espanto no fato *tétrico* de que minha vida até os últimos dez anos, os anos de perigo à vida, sempre transcorreu em lugares falsos e que me eram francamente *proibidos*. Naumburg, Schulpforta, toda Thüringen, Leipzig, Basileia – outros tantos lugares de infortúnio para minha fisiologia. Se não tenho uma única lembrança bem-vinda sequer de toda minha infância e juventude, seria então uma estupidez alegar causas chamadas "morais", – como, por exemplo, a inquestionável falta de *suficiente* companhia: pois essa falta existe hoje como sempre existiu, sem que tenha me impedido de ser jovial e bravo. Antes, a ignorância *in physiologicis* [em aspectos fisiológicos] – o maldito "idealismo" – é propriamente a fatalidade da minha vida, o que há de supérfluo e de tolice nela, algo do qual não cresce nada de bom, para o quê não há nenhuma compensação, nenhum contrabalanço. Das consequências desse "idealismo" explico-me todos os desacertos, todos os grandes extravios de instintos e "modéstias" que se situam à parte da *tarefa* da minha vida, por exemplo, que eu tenha me tornado filólogo – por que não ao menos médico ou qualquer outra coisa que abra os olhos? Na minha época de Basileia, toda a minha dieta espiritual, incluída a divisão do meu dia, era um completo abuso sem sentido de forças extraordinárias, sem um abastecimento qualquer de forças que compensasse o consumo, sem mesmo uma reflexão sobre consumo e reposição. Faltava todo amor-próprio mais delicado, toda *custódia* de um instinto imperativo, era um equiparar-se com qualquer um, uma "abnegação", um esquecer de sua distância, – algo pelo qual eu nunca me perdoo. Quando estava quase no fim, *porque* eu estava quase no fim, tornei-me pensativo sobre essa irrazão fundamental da minha vida – o "idealismo". Foi a "*enfermidade*" que me trouxe à razão. –

3.

A escolha na nutrição; a escolha de clima e lugar; – a terceira coisa na qual por preço algum é permitido cometer um desacerto, é a escolha *de sua* forma de *repouso*. Também aqui os limites do que é permitido, isto é, do que é *útil* a um espírito, são estreitos e mais estreitos segundo o grau em que ele é *sui generis*. No meu caso, todo tipo de leitura faz parte dos meus repousos: por conseguinte, daquilo que me liberta de mim mesmo, que me faz passear por ciências e almas estranhas – que eu não levo mais a sério. Leitura me faz repousar justamente da *minha* seriedade. Em tempos profundamente laboriosos não se vê nenhum livro junto a mim: eu me resguardaria de ter perto de mim alguém falando ou até mesmo pensando. E isso significaria, decerto, ler... Alguém já verdadeiramente observou que, naquela profunda tensão à qual a gravidez condena o espírito e, no fundo, todo o organismo, o acaso, toda espécie de estímulo vindo de fora produz efeitos muito veementemente, "impacta" muito profundamente? É preciso, o tanto quanto possível, tirar do caminho o acaso, o estímulo vindo de fora; uma espécie de autoembarricamento faz parte das primeiras espertezas de instinto da gravidez espiritual. Eu permitirei que um pensamento estranho suba furtivamente sobre a barricada? – E isso significaria, decerto, ler... Aos tempos de trabalho e produtividade segue-se o tempo de repouso: vinde pra perto, livros agradáveis, livros ricos em espírito, livros inteligentes! – Serão livros alemães?... Eu tenho que recuar meio ano para apanhar-me com um livro nas mãos. Qual foi ele mesmo? – Um brilhante estudo de Victor Brochard, *Les Sceptiques Grecs* [*Os Céticos Gregos*], no qual também minhas *Laertiana* foram bem utilizadas. Os céticos, o único tipo *digno de honra* dentre esse povo de duplo até quíntuplo sentido, os filósofos!... No mais, tomo meu refúgio quase sempre nos mesmos livros, no fundo um pequeno número, livros que *se provaram* justamente para mim. Talvez não seja algo especificamente meu ler muito e muitas coisas: um quarto de leitura me faz doente. Talvez tampouco seja algo especificamente meu amar muito ou amar muitas coisas. Precaução e mesmo hostilidade contra novos livros fazem parte de seu instinto, muito mais do que "tolerância", "*largeur du cœur*" [largueza de coração] e qualquer outro "amor ao próximo"... No fundo, é a um pequeno número de velhos franceses que retorno sempre: eu creio apenas na cultura francesa e considero tudo o mais que na Europa se denomina "cultura" como um equívoco, para não mencionar a cultura alemã... Os poucos casos de alta cultura que se encontraram na Alemanha foram, todos, de proveniência francesa, sobretudo a senhora Cosima Wagner, de longe a primeira voz em questões de gosto que eu ouvi... Que eu não leia, mas, antes, *ame* Pascal como a vítima mais instrutiva do cristianismo, massacrado lentamente, primeiro corporal, depois psicologicamente, toda a lógica dessa forma mais horripilante que há de atrocidade desumana; que eu tenha algo do atrevimento de Montaigne no espírito, quem sabe?, talvez também no corpo; que meu gosto de artista defenda, não sem enfurecimento, nomes como Molière, Corneille e Racine contra um gênio ermo como Shakespeare: isso, por fim, tampouco me impede que os franceses mais recentes não me sejam uma companhia *charmante* [encantadora]. Eu, em absoluto, não vejo em qual século da história se possa fisgar, como agora em Paris, psicólogos tão curiosos e, ao mesmo tempo, delicados: a título de ensaio – pois seu número não é nem um pouco pequeno –, nomeio os senhores Paul Bourget, Pierre Loti, Gyp, Meilhac, Anatole France, Jules Lemaître, ou, para ressaltar um da raça forte, um genuíno latino ao qual sou particularmente apegado, Guy de Maupassant. Cá entre nós, eu prefiro *esta* geração a até mesmo seus grandes mestres, que, em todo seu conjunto, corromperam-se pela filosofia alemã: por exemplo, o senhor Taine por Hegel, ao qual deve o equívoco de grandes seres humanos e épocas. Até onde alcança, a Alemanha *corrompe* a cultura. Foi a guerra que "redimiu" o espírito na França... Stendhal, um dos mais belos acasos da minha vida – pois a tudo o que nela faz época impeliu-me o acaso, nunca uma sugestão –, é absolutamente inestimável com seu olhar premonitório de psicólogo, com sua garra para fatos que faz lembrar a proximidade do grande realista (*ex ungue Napoleonem* [pela unha se reconhece Napoleão] –); por último, mas não menos importante, como *honesto* ateísta, uma *species* [espécie] escassa e quase impossível de ser encontrada na França – com todo o respeito a Prosper Mérimée... Talvez eu tenha inveja de Stendhal? Ele me retirou a melhor anedota de ateísta que eu poderia ter feito: "a única desculpa de Deus é que ele não existe"... Eu mesmo disse em algum lugar: qual foi a maior objeção até aqui contra a existência? *Deus*...

4.

O conceito supremo do lírico foi-me dado por *Heinrich Heine*. Em todos os impérios dos milênios busco em vão por uma música igualmente doce e apaixonada. Ele possuía aquela malícia divina sem a qual não consigo conceber o perfeito, – eu estimo o valor de seres humanos, de raças, por quão necessariamente eles sabem entender o deus sem separá-lo da sátira. – E como ele manejava o alemão! Dir-se-á talvez que Heine e eu tenhamos sido, de longe, os primeiros artistas da língua alemã – numa distância incalculável de tudo o que meros alemães fizeram com ela. – Com Manfredo, de *Byron*, tenho de ser intimamente aparentado: eu encontro em mim todos esses abismos, – com treze anos estava maduro para essa obra. Eu não tenho nenhuma palavra, apenas um olhar para aqueles que, na presença de Manfredo, ousam pronunciar a palavra Fausto. Os alemães são *incapazes* de qualquer conceito de grandeza: Schumann é prova disso. Por puro enfurecimento contra esse melífluo saxão, compus uma antiabertura ao Manfredo, sobre a qual Hans von Bülow falou não ter nunca ter visto algo igual em papel de música: tratar-se-ia de um estupro em Euterpe. – Quando busco minha fórmula suprema para *Shakespeare*, encontro sempre a de que ele concebeu o tipo César. Um tal não é adivinhado, – se é ou não se é. O grande poeta cria *apenas* a partir de sua realidade – até o grau em que ele, posteriormente, não mais suporta sua obra... Quando lançava um olhar para o meu Zaratustra, andava meia hora de um lado para o outro no quarto, incapaz de dominar um insuportável ataque de soluços. – Eu não conheço uma leitura mais dilacerante do que Shakespeare: o que um ser humano precisa ter sofrido para necessitar dessa maneira ser um arlequim! – *Entende*-se o Hamlet? Não é a dúvida, é a *certeza* o que deixa louco... Mas, para tanto, é preciso ser profundo, abismo, filosofo, para sentir-se assim... Nós todos *tememos* a verdade... E confessando-o: eu tenho instintivamente certeza e consciência de que Lord Bacon é o autor, o autotorturador de animais dessa espécie mais tétrica de literatura: o que *me* importa o palavrório digno de pena de americanos cabeças ocas e de vento. Mas a força para a realidade mais poderosa da visão é não apenas compatível com a força mais poderosa para o ato, para o que há de colossal do ato, para o crime – *ela própria a pressupõe*... Já faz tempo que não sabemos o suficiente de Lord Bacon, o primeiro realista naquele grande sentido da palavra, para sabermos tudo *o que* ele fez, *o que* ele quis, *o que* ele vivenciou consigo... E, com os demônios, meus senhores críticos! Tivesse eu batizado meu Zaratustra com um nome alheio, por exemplo com o de Richard Wagner, a sagacidade de dois milênios não teria bastado para adivinhar que o autor de "Humano, Demasiado Humano" é o visionário do Zaratustra...

5.

Aqui, onde falo dos repousos de minha vida, faz-se necessária uma palavra para exprimir meu agradecimento por aquilo que, nela, de longe repousou-me o mais profunda e cordialmente. Trata-se, sem dúvida alguma, do contato íntimo com Richard Wagner. Pouco se me dá o resto de minhas relações humanas; eu não me desfaria por preço algum dos dias de Tribschen em minha vida, dias da confiança, da jovialidade, dos acasos sublimes – dos *profundos* instantes... Eu não sei o que outros viveram com Wagner: por sobre o nosso céu nunca atravessou nuvem alguma. – E com isso voltou uma vez mais à França, – resta-me nenhuma razão, resta-me somente uma comissura de desprezo nos lábios contra wagnerianos e *hoc genus omne* [toda essa gente], que crê honrar Wagner achando-*se* parecida com ele... Como sou, em meus instintos mais profundos, alheio a tudo o que é alemão, de modo que mesmo a proximidade de um alemão atrapalha minha digestão, o primeiro contato com Wagner foi também o primeiro respiro na minha vida: eu percebi, eu o venerei como *terra estrangeira*, como contraposição, como protesto encarnado contra todas "virtudes alemãs" – Nós, que fomos crianças nos ares pútridos dos anos cinquenta, somos necessariamente pessimistas quanto ao conceito "alemão"; nós não podemos ser absolutamente nenhuma outra coisa senão revolucionários, – nós não admitiremos nenhum estado de coisas em que *o charlatão* esteja no topo. É-me completamente indiferente se ele atue com outras cores, se ele se veste de escarlate e traja uniforme de hussardo... Ora bem! Wagner foi um revolucionário – ele escapava dos alemães... Como *artista* não há pátria na Europa a não ser Paris; a *délicatesse* [delicadeza] nos cinco sentidos artísticos que a arte de Wagner pressupõe, o dedo para nuances, a morbidade psicológica – isso se encontra apenas em Paris. Em nenhum outro lugar há essa paixão em questões sobre a forma, essa seriedade no *mise en scène* – trata-se da seriedade *par excellence* [por excelência] do parisiense. Não há na Alemanha absolutamente nenhum conceito da ambição colossal que vive na alma de um artista parisiense.

O alemão é bonachão – Wagner não era em absoluto bonachão... Mas eu já me pronunciei o suficiente (em "Para Além do Bem e do Mal", p. 256s.[8]) sobre aonde Wagner pertence, sobre quem são seus parentes mais próximos: trata-se do Romantismo tardio francês, aquela forma altaneira e bem exaltante de artistas como Delacroix, como Berlioz, com um *fond* [fundo] de enfermidade, de irremediabilidade em essência, puros fanáticos da *expressão*, virtuoses de uma ponta à outra... Quem foi em geral o primeiro adepto *inteligente* de Wagner? Charles Baudelaire, o mesmo que primeiramente entendeu Delacroix, aquele típico *décadent*, no qual todo um gênero de artistas se reconheceu – ele foi, talvez, também o último... O que eu nunca perdoei em Wagner? Que ele tenha *condescendido* com os alemães, – que ele tenha se tornado um alemão imperial... Até onde alcança, a Alemanha *corrompe* a cultura. –

6.

Levando tudo em conta, eu não teria suportado minha juventude sem a música wagneriana. Pois eu estava *condenado* aos alemães. Se se deseja desvencilhar-se de uma pressão insuportável, faz-se necessário haxixe. Ora bem, Wagner era-me necessário. Wagner é o contraveneno contra tudo o que é alemão *par excellence* – veneno, isso eu não discuto... Desde o instante em que houve uma partitura de piano do Tristão – meus parabéns, senhor von Bülow! –, eu era wagneriano. Eu via as obras antigas de Wagner inferiores a mim – ainda muito baixas, muito "alemãs"... Mas busco ainda hoje uma obra de fascinação igualmente perigosa, de uma infinitude igualmente lúgubre e doce, como Tristão – eu busco em todas as artes inutilmente. Todos os estranhamentos de Leonardo da Vinci se desencantam no primeiro tom do Tristão. Essa obra é o absoluto *plus non ultra* [não mais além] de Wagner; ele tomou repouso dela com os Mestres Cantores e com o Anel. Tornar-se mais saudável – este é o *retrocesso* em uma natureza como Wagner. Eu considero uma sorte de primeira ordem ter vivido na época certa e justamente entre os alemães para estar *maturo* para essa obra: até aqui vai, em mim, a curiosidade do psicólogo. O mundo é

8. Aforismo 256.

pobre para quem nunca esteve enfermo o suficiente para essa "volúpia do inferno": é permitido, é quase exigido aplicar, aqui, uma fórmula-mística. – Eu penso conhecer melhor do que qualquer um o colossal de que Wagner é capaz, os cinquenta mundos de estranhos embevecimentos para os quais ninguém, fora ele, tinha asas; e como eu sou assim, suficientemente forte para virar em meu proveito também o que há de mais questionável e de mais perigoso e, com isso, tornar-me mais forte, nomeio Wagner o maior benfeitor da minha vida. Aquilo em que somos aparentados, que tenhamos sofrido, também um com o outro, mais profundamente do que são capazes de sofrer seres humanos desse século, reunirá sempre e eternamente nossos nomes; e como é certo Wagner ser meramente um equívoco entre os alemães, assim também eu o sou e o serei sempre. – Dois séculos de disciplina psicológica e artística *primeiro*, meus senhores germânicos!... Mas isso não se recupera. –

7.

– Eu digo mais uma palavra para os ouvidos mais seletos: o que *eu* propriamente quero da música. Que ela seja jovial e profunda, como uma tarde em outubro. Que ela seja particular, viçosa, tenra, uma doce pequenina mulher de vilania e graça... Eu nunca admitirei que um alemão *possa* saber o que é música. O que se diz serem músicos alemães, os da dianteira entre os maiores, são *estrangeiros*, eslavos, croatas, italianos, holandeses – ou judeus; em outros casos, alemães da raça forte, alemães *extintos*, como Heinrich Schütz, Bach e Händel. Eu mesmo sou ainda suficientemente polonês para sacrificar o resto da música por Chopin: eu excetuo, por três razões, o Idílio de Siegfried, de Wagner, talvez também Liszt, que sobrepuja todos os músicos com seus nobres acentos orquestrais; por fim, ainda tudo o que cresceu para além dos Alpes – *para aquém*... Eu não saberia como prescindir de Rossini, muito menos de *meu* sul na música, a música de meu maestro veneziano Pietro Gasti. E quando digo para além dos Alpes, digo propriamente apenas Venezia. Quando busco uma outra palavra para música, encontro sempre apenas a palavra Veneza. Eu não sei traçar nenhuma diferença entre lágrimas e música, eu não sei a felicidade de pensar o *sul* sem calafrio de temor.

Junto à ponte estava
eu, agora, na noite castanha.
De longe vinha uma canção:
gotas douradas jorravam
por sobre a superfície tiritante.
Gôndolas, luz, música –
ébrio, flutuava para o crepúsculo...

Minha alma, um instrumento de cordas,
tocava, invisivelmente movida,
uma canção gondoleira furtiva,
tremulante por viva alegria.
– terá alguém a ouvido?...

8.

Em tudo isso – na escolha de alimentação, de lugar e clima, de repouso – ordena um instinto de autoconservação, que se exprime da forma menos ambígua possível enquanto um instinto de *autodefesa*. Não ver muita coisa, não ouvir, não deixar que chegue perto de si – primeira esperteza, primeira prova de que não se é acaso, mas, antes, uma necessidade. A palavra corriqueira para esse instinto de autodefesa é *gosto*. O seu imperativo ordena não apenas dizer Não onde o Sim seria uma "abnegação", mas também dizer *Não tão pouco quanto possível*. Separar-se, isolar-se daquilo que tornaria, sempre e cada vez mais, necessário o Não. A razão aqui é que dispêndios defensivos, mesmo bem pequenos, caso se tornem regra, costume, implicam um empobrecimento extraordinário e completamente supérfluo. Nossos *grandes* dispêndios são os mais frequentemente pequenos. O esquivar-se, o não-deixar-chegar-perto é um dispêndio – que não se iluda quanto a isso –, uma força *desperdiçada* para fins negativos. É possível, meramente na contínua necessidade de defesa, tornar-se suficientemente fraco para não mais ser possível defender-se. – Supondo que eu saia da minha casa e encontre, em lugar da quieta e aristocrática Turim, a cidade pequena alemã: meu instinto teria que se bloquear para reprimir tudo o que penetra nele a partir desse mundo achatado e débil. Ou que eu encontre a cidade grande alemã, esse vício construído, onde nada cresce, onde qualquer coisa, boa e ruim, é inoculada de fora. Não seria preciso que eu me tornasse um *ouriço*? – Mas ter espinhos é uma dilapidação, até mesmo um luxo duplo, quando se está livre para ter não espinhos, mas, antes, mãos *abertas*...

Uma outra esperteza e autodefesa consiste em *reagir o mais raramente quanto possível* e furtar-se a situações e condições em que se estaria condenado a, por assim dizer, deixar exibida sua "liberdade", sua iniciativa, e a tornar-se um mero reagente. Eu tomo como comparação o contato com livros. O erudito, que no fundo apenas "remexe" em livros – o filólogo, uns 200 por dia, para sermos modestos –, perde, por fim, completamente a capacidade de pensar a partir de si próprio. Se não remexe, ele então não pensa. Ele *responde* a um estímulo (– a um pensamento lido), quando pensa, – por fim, ele meramente reage. O erudito entrega toda sua força no dizer-Sim e Não, na crítica do que já foi pensado, – ele mesmo não pensa mais... O instinto de autodefesa foi, nele, embotado; em outro caso, ele se defenderia contra livros. O erudito – um *décadent*. – Eu vi isso com os olhos: naturezas talentosas, ricas e livres, "lidas até à ignomínia" já na casa dos trinta anos, meros fósforos que é preciso esfregar para soltar faíscas – "pensamentos". – No início da manhã, no despertar do dia, em todo o frescor, na aurora de suas forças, ler um *livro* – eu chamo isso de vicioso! –

9.

A essa altura já não há mais como evadir a dar a genuína resposta à pergunta *como alguém se torna aquilo que se é*. E com isso toco no golpe de mestre na arte de autoconservação – o *egoísmo*[9].

9. *Selbstsucht*. Sobre "*selbst-*", ver nota 6. O sufixo "*-sucht*" tem, aqui, o sentido de "mania", "vício" (por exemplo, "*süchtig*" significa um "viciado" em algo). Ao pé da letra, portanto, "*Selbstsucht*" seria algo como "vício de si mesmo", "mania de si mesmo", fazer tudo para

Ora, supondo que a tarefa, a vocação, o *destino* da tarefa repouse significativamente acima de uma medida média, então não haveria perigo maior do que colocar-se a si mesmo cara a cara *com* essa tarefa. Que alguém se torna o que se é, pressupõe que não se vislumbre no mais longínquo *o que* se é. Desse ponto de vista, mesmo os *desacertos* da vida têm seu próprio sentido e valor, os temporários desvios e extravios, os atrasos, as "modéstias", a seriedade, desperdiçada em tarefas que repousam para além *da* tarefa. Aqui pode exprimir-se uma grande esperteza, até mesmo a esperteza suprema: onde *nosce te ipsum* [conhece-te a ti mesmo] fosse a receita para o perecimento, esquecer-a-si, *equivocar*-a-si, apequenar-a-si, estreitar-a-si, mediocrizar-a-si se tornaria a própria razão. Dito moralmente: o amor ao próximo, amor por outros e outro *pode* ser a regra de proteção para a conservação do egoísmo[10] mais empedernido. Trata-se do caso excepcional no qual, contra minha regra e convicção, tomo o partido dos impulsos "abnegados": eles trabalham, aqui, a serviço do *egoísmo*, da *autodisciplina*[11]. – É preciso manter toda a superfície da consciência – consciência *é* uma superfície – pura de um grande imperativo qualquer. A própria precaução diante de qualquer grande palavra, qualquer grande atitude! Puro perigo de que o instinto "entenda-se" muito cedo – Entrementes cresce e cresce nas profundezas a ideia que organiza, que é invocada para o domínio, – ela começa a ordenar, ela *regressa* lentamente dos desvios e extravios, ela prepara qualidades e diligências *específicas* que invariavelmente se provarão, algum dia, meios para o todo, – elas formam, na ordem, todas as capacidades

---

o proveito ou vantagem própria. Preferimos a opção "egoísmo" por ser uma palavra mais comum, além de manter o sentido pretendido por Nietzsche e conservar, no prefixo "ego-", a referência a "eu, a "si", ao próprio sujeito.

10. *Selbstigkeit*. Sobre "*selbst-*", ver nota 6. A palavra "*Selbstigkeit*", a substantivação de "*selbst-*", refere-se à subjetividade, à individualidade, à "mesmidade" do sujeito, à natureza de si próprio; entre os sentidos, contudo, encontra-se também o *Selbstsucht*, de "vício de si mesmo", de "egoísmo", discutido na nota 9. Por se tratar da única ocorrência de *Selbstigkeit*, preferiu-se traduzir pela mesma palavra que se optou para verter *Selbstsucht*.

11. *Selbstzucht*. Sobre "*selbst-*", ver nota 6. *Zucht* significa "cultivo", "cultura" (no sentido da parte cultivada ou produto cultivado em uma região), "educação" (no sentido bem específico de uma educação rigorosa, de um, por assim dizer, "adestramento") e "disciplina". *Selbstzucht*, assim, designa algo como um cultivo de si, uma educação rigorosa de si, um "adestramento de si", um autodisciplinar-se. Atente-se, ainda, para a proximidade, explorada por Nietzsche e perdida na tradução, entre *Selbstzucht* e *Selbstsucht*.

subalternas, antes que deixem anunciar algo qualquer sobre as tarefas dominantes, sobre "objetivo", "fim", "sentido". – Considerada por esse lado, minha vida é simplesmente maravilhosa. Para a tarefa de uma *transvaloração dos valores*, talvez fossem necessárias mais capacidades do que jamais residiram lado a lado em um indivíduo, sobretudo também contraposições de capacidades, sem que estas devessem atrapalhar-se, destruir-se. Ordem hierárquica das capacidades; distância; a arte de separar sem se inimizar; nada misturar, nada "reconciliar"; uma colossal pluralidade que, apesar disso, é a contraparte do caos – estas foram a precondição, o longo e secreto trabalho e artisticidade do meu instinto. Sua *proteção superior* mostrou-se forte a ponto de eu não ter pressentido, em caso algum, o que cresce em mim – que todas as minhas habilidades *irromperam* um dia subitamente maduras, em sua última perfeição. Não tenho lembrança de ter alguma vez me esforçado, – nenhuma marca de *luta* pode ser detectada na minha vida, eu sou a contraposição de uma natureza heroica. "Querer" algo, "aspirar por" algo, ter em vista algum "fim", algum "desejo" – isso tudo não conheço por experiência. Mesmo neste instante lanço uma mirada a meu futuro – um futuro *amplo*! – como a um liso mar: nenhuma demanda crispa-se nele. Não quero, nem um pouco que seja, que alguma outra coisa torne-se diferentemente do que é; eu mesmo não quero tornar-me outra coisa. Mas sempre vivi assim. Eu nunca tive desejo algum. Alguém que possa dizer, após ter completado quarenta e quatro anos, que ele nunca se esforçou por *honras*, por *mulheres*, por *dinheiro*! – Não que eles me tivessem faltado... Por exemplo, um dia fui professor universitário, – eu nunca havia, nem de longe, pensado em tal coisa, pois eu tinha vinte e quatro anos recém-completos. E um dia fui, dois anos antes, filólogo: no sentido de que meu *primeiro* trabalho filológico, meu início em todos os sentidos, foi solicitado pelo meu professor Ritschl para que fosse publicado em seu "Reinisches Museum" (*Ritschl* – eu digo com veneração – o único erudito genial com o qual até hoje topei. Ele possuía aquela agradável corrupção que distingue a nós, os de Thüringer, e com a qual até mesmo um alemão simpatiza: – para atingir a verdade, nós mesmos preferimos os caminhos clandestinos. Com essas palavras, eu não gostaria, em absoluto, de ter menosprezado meu conterrâneo, o *esperto* Leopold von Ranke...).

10.

Nesse momento faz-se necessária uma grande reflexão. Perguntar-me-ão por que, no fundo, eu narrei todas essas coisas pequenas e, segundo o juízo tradicional, indiferentes; eu prejudico a mim mesmo com isso, tanto mais se sou vocacionado a defender grandes tarefas. Resposta: essas coisas pequenas – alimentação, lugar, clima, repouso, toda a casuística do egoísmo – são, para além de tudo o que se pode conceber, mais importantes do que tudo o que até aqui se considerou importante. Precisamente aqui é preciso começar a *transaprender*[12]. O que a humanidade até aqui seriamente contemplou não são sequer realidades, meras fantasias, dito mais rigorosamente, *mentiras* extraídas de instintos ruins de naturezas doentes, nocivas no sentido mais profundo – todos os conceitos "Deus", "alma", "virtude", "pecado", "Além", "verdade", "vida eterna"... Mas procurou-se neles a grandeza da natureza humana, sua "divindade"... Todas as questões da política, da ordem social, da educação são falseadas fundamental e radicalmente ao considerarem-se os seres humanos mais nocivos como os grandes seres humanos, – ao ensinar-se a desprezar as coisas "pequenas", ou seja, os assuntos fundamentais da própria vida... Nossa cultura atual é ambígua no mais sumo grau... O imperador alemão pactuando com o papa, como se o papa não fosse o representante da inimizade mortal contra a vida!... O que hoje é construído não dura três anos. – Se me meço pelo que *posso* [fazer], para não falar do que vem em minha esteira, uma subversão, uma construção sem igual, tenho então, mais do que qualquer moral, a reivindicação à palavra grandeza. Comparando-me com os seres humanos que até aqui foram honrados como *primeiros* seres humanos, a diferença é palpável. Eu não conto esses supostos "primeiros" sequer entre os seres humanos, – eles são, para mim, refugo da humanidade, rebentos disformes de enfermidade e instintos vingativos: eles são puros desumanos desgraçados, fundamentalmente sem salvação, que se vingam da vida... Eu quero ser a contraposição a isso: meu privilégio é ter a suprema sutileza para todos os sinais de instintos saudáveis. Falta-me todo traço enfermiço; mesmo em

12. *Umlernen*: "aprender tudo de novo, de outra maneira". O prefixo "*um-*", nesse mesmo sentido, encontra-se num conceito-chave de Nietzsche, *Umwertung*, vertido aqui por "transvaloração", donde a opção por "transaprender".

épocas de severa enfermidade, eu não me tornei enfermiço; inutilmente busca-se em minha essência um traço de fanatismo. Não se poderá demonstrar, de nenhum instante da minha vida, uma postura patética ou pretenciosa qualquer. O *pathos* da atitude *não* faz parte da grandeza; quem em geral tem necessidade de atitudes é *falso*.... Precaução diante de todos os seres humanos pitorescos! – A vida se me tornou leve, o mais leve possível, quando exigiu de mim o mais pesado. Quem me viu nos setenta dias desse outono, quando fiz, sem interrupção, meramente coisas de primeira ordem que nenhum ser humano fará igual a mim – ou me mostrará como fazer, com uma responsabilidade por todos os milênios depois de mim, nenhum traço de tensão será percebido em mim, muito antes um efusivo frescor e jovialidade. Eu nunca comi com tanto gosto, eu nunca dormi melhor. – Eu não conheço outra maneira de lidar com grandes tarefas senão o *jogo*: este é, como indício da grandeza, um pressuposto essencial. A menor coação, o ar macambúzio, qualquer tom mais forte na garganta são, todos, objeções contra um ser humano, e tanto mais contra sua obra!... Não é permitido ter nervos... Também *sofrer* com a solidão é uma objeção, – eu sempre sofri na "multidão"... Em uma época absurdamente precoce, com sete anos, eu já sabia que uma palavra humana jamais me alcançaria: já me viram consternado por isso? – Eu tenho ainda hoje a mesma afabilidade para com qualquer um, eu mesmo sou cheio de distinção pelo que é mais inferior: em tudo isso não há um grama de altivez, de desprezo oculto. *Quem* eu desprezo *adivinha* que é desprezado por mim: eu revolto, pela minha mera existência, tudo o que tem sangue ruim no corpo... Minha fórmula para a grandeza no ser humano é *amor fati*: que não se queira nada diferente, não para frente, não para trás, não para toda a eternidade. Não meramente suportar o que é necessário, menos ainda acobertá-lo – todo idealismo é mendacidade diante do que é necessário –, mas, antes, *amá*-lo...

POR QUE EU ESCREVO LIVROS TÃO BONS

1.

Uma coisa sou eu, uma outra são meus escritos. – Toca-se, aqui, antes que eu próprio fale deles, a questão acerca de estes escritos serem-compreendidos ou *não*-serem-compreendidos. Eu ajo tão negligentemente como de algum modo convém: pois esta questão ainda não está de modo algum em seu tempo. Eu mesmo não estou ainda em meu tempo, alguns nascem postumamente. – Em algum momento serão necessárias instituições nas quais se vive e se ensina como eu entendo viver e ensinar; talvez até mesmo sejam criadas cátedras próprias para a interpretação do Zaratustra. Mas seria uma perfeita contradição comigo, se eu hoje já esperasse ouvidos *e mãos* para *minhas* verdades: que hoje não se escute, que hoje não se saiba tomar [algo] de mim, é não apenas compreensível, parece-me mesmo o que é de direito. Eu não quero ser confundido, – isso inclui que eu próprio não me confunda. – Dito mais uma vez, na minha vida muito pouco de "vontade má" pode ser demonstrado; eu tampouco saberia contar um caso qualquer de "vontade má" literária. Pelo contrário, bastante de *pura estupidez*... Parece-me uma das distinções mais raras que alguém possa prestar a si tomar um livro meu à mão, – eu até presumo que, para tanto, tirem-se os sapatos, – para não mencionar as botas... Quando certa vez o doutor Henrich von Stein reclamou, com sinceridade, de não ter entendido uma palavra de meu Zaratustra, eu lhe disse que estava tudo bem: ter entendido seis frases dele, quer dizer, tê-las *vivenciado*, eleva a um nível dos mortais superior ao que seres humanos "modernos" poderiam atingir. Como eu *poderia*, com *este* sentimento de distância, sequer desejar dos "modernos" que conheço – ser lido! – Meu triunfo é justamente o inverso, como era o de Schopenhauer, – eu digo "non *legor,* non *legar*" [*não* sou lido, *não* serei lido]. – Não que eu gostaria de subestimar o agrado que, várias vezes, causou-me a *inocência* no dizer-Não aos meus escritos. Mesmo neste verão, em uma época na qual eu talvez fosse capaz de desequilibrar todo o resto da literatura com minha grave, talvez muito pesadamente grave literatura, um professor da Universidade de Berlim deu-me a entender benevolamente que eu deveria servir-me de uma outra forma: tal coisa ninguém lê. – Por fim, não foi a Alemanha, mas, antes, a Suíça que forneceu os dois casos extremos. Um artigo do Dr. V. Widmann no "*Bund*" sobre "Para Além do Bem e do Mal", com o título "O livro perigoso de Nietzsche", e um relato completo sobre todos os meus livros, por parte do senhor Karl Spitteler, também no *Bund*, são um ponto alto na minha vida. – eu evito dizer do que... O último, por exemplo, tratou o meu Zaratustra como um "exercício superior de estilo", desejando que eu quisesse posteriormente cuidar também do conteúdo; Dr. Widmann exprimiu-me seu respeito pela coragem com a qual esforcei-me em abolir todos os sentimentos de decoro. – Por um pequeno golpe do acaso, toda frase foi aqui, com um rigor causal que me assombrou, uma verdade virada de ponta-cabeça: no fundo, nada havia a ser feito senão "transvalorar todos os valores" para, de modo até mesmo digno de nota, acertar em cheio sobre mim – em lugar de me acertar em cheio.... Com mais motivo busco uma explicação. – No fundo, ninguém pode ouvir das coisas, incluindo livros, mais do que já se sabe. Não se tem ouvido para o que não se tem acesso por vivência. Pensemos por um instante em um caso mais extremo possível, que um livro fale de meras vivências que estejam completamente fora da possibilidade de uma experiência frequente ou mesmo mais rara, – que ele seja a *primeira* linguagem para uma nova série de experiências. Nesse caso, simplesmente nada é ouvido, com a ilusão acústica de que, onde nada é ouvido, *também nada existe*... Essa é, em última instância, minha experiência regular e, se se deseja, a *originalidade* da minha experiência. Quem crê ter entendido algo de mim arranjou algo de mim para si, segundo sua imagem, – não raro uma contraposição de mim, por exemplo, um "idealista"; quem não entendera nada a mim negou que eu fosse de todo levado em consideração. – A palavra "*além-do-*

humano" para designar um tipo sumamente bem-sucedido, em contraposição a seres humanos "modernos", a seres humanos "bons", a cristãos e outros niilistas – uma palavra, que na boca de um Zaratustra, do *aniquilador* da moral, torna-se uma palavra que muito se presta à reflexão, foi por quase todas as partes entendida, com completa inocência, no sentido daqueles valores cuja contraposição aparecera na figura do Zaratustra, ou seja, como tipo "idealista" de uma espécie superior de ser humano, meio "santo", meio "gênio"... Por conta disso, uma outra besta erudita de chifre lançou sobre mim a suspeita de darwinismo; reconheceu-se novamente nisso mesmo o "culto do herói", recusado por mim como tão maléfico, daquele grande contrafator insciente e involuntário, Carlyle. Aquele a quem eu segredei ao ouvido que ele deveria olhar em sua volta à procura de um Cesare Borgia, antes que de um Parsifal, não deu crédito a seus ouvidos. – Que eu não tenha qualquer curiosidade por resenhas de meus livros, especialmente em jornais, precisa serme escusado. Meus amigos, meus editores sabem-no e não me falam sobre elas. Em um caso particular, topei uma vez com tudo o que se pecara contra um único livro – era "Para Além do Bem e do Mal". Eu teria de apresentar um polido relato sobre isso. Como crer que o *Nationalzeitung* – um jornal prussiano, conhecido pelos meus leitores estrangeiros, eu mesmo leio, se me permitem, apenas o *Journal des Débats* – pôde compreender o livro, com toda seriedade, como um "sinal dos tempos", como a verdadeira e genuína *Filosofia-Junker*, para a qual o *Kreuzzeitung* não tinha a coragem suficiente?...

2.

Isso foi dito para alemães: pois em todos os outros lugares tenho leitores – puras inteligências *selecionadas*, caráteres comprovados, educados em altos postos e deveres; eu tenho até mesmo verdadeiros gênios entre meus leitores. Em Viena, em São Petersburgo, em Estocolmo, em Copenhagen, em Paris e Nova Iorque – por todos os lados eu fui descoberto: *não* o fui na Alemanha, a terra plana da Europa... E que eu o confesse: alegro-me ainda mais por meus não leitores, aqueles que jamais ouviram falar nem do meu nome e nem da palavra filosofia; mas aonde eu vou, por exemplo, aqui em Turim, todos os rostos regozijam-se e satisfazem-se ao verem-me. O que até aqui mais me lisonjeou é que velhas mercadoras não relaxam até escolherem para mim as suas uvas mais doces. *Até esse momento* é preciso ser filósofo... Não por acaso os poloneses são chamados de os franceses entre os eslavos. Uma charmosa russa não se enganará nem por um instante sobre onde eu pertenço. Não consigo ser solene, no máximo fico embaraçado... Pensar de modo alemão, sentir de modo alemão – eu posso tudo, mas *isto* supera minhas forças... Meu antigo professor Ritschl chegou a afirmar que eu concebia até mesmo meus tratados filológicos como um *romancier* [romancista] parisiense – de modo absurdamente empolgante. Mesmo em Paris espantam-se sobre "*toutes mes audaces et finesses*" [todas as minhas audácias e finezas] – a expressão é de Monsieur Taine –; eu receio que, até nas formas supremas do ditirambo, encontre-se em mim misturado aquele sal que nunca se tornará desagradável – "alemão" –, *esprit* [espírito]... Eu não agir de outra maneira. Deus me ajude! Amém. – Nós todos sabemos, alguns o sabem até mesmo por experiência, que animal tem orelhas longas. Ora bem, eu ouso afirmar que eu tenho as menores orelhas. Isso não interessa menos às mulherezinhas –, parece-me que elas se sentem mais bem compreendidas por mim?... Eu sou o *antiasno par excellence* e, assim, um monstro da história universal, – eu sou, em grego, e não apenas em grego, o *anticristo*...

3.

Eu conheço, em certa medida, meus privilégios como escritor; em casos particulares, comprova-se, para mim, o quanto a familiaridade com meus escritos "corrompe" o gosto. Outros livros simplesmente não são mais suportados, menos ainda os filosóficos. Trata-se de uma distinção sem igual adentrar nesse mundo nobre e delicado, – para tanto não é permitido de modo algum ser alemão; trata-se, enfim, de uma distinção da qual é preciso servir-se. Mas quem me é aparentado por *altura* do querer vivencia nisso verdadeiros êxtases do aprender: pois eu venho de alturas que nenhum pássaro jamais voou, eu conheço abismos nos quais ainda nenhum pé se perdeu. Disseram-me que não seria possível tirar um livro meu das mãos, – eu atrapalho mesmo a tranquilidade noturna... Não há em absoluto uma espécie mais orgulhosa e, ao mesmo tempo, mais refinada de livros: – eles atingem aqui e acolá o mais supremo que pode ser atingido na Terra, o cinismo; é preciso conquistá-los com os dedos mais delicados bem como com os punhos mais bravos. Qualquer fragilidade da alma os enjeita de uma vez por todas, mesmo qualquer dispepsia: é preciso não ter nervos, é preciso ter um ventre alegre. Não apenas a pobreza, o ar afastado de uma alma os enjeita, muito mais ainda o que é covarde, o que é sujo, o que é secretamente vingativo nas entranhas: uma palavra minha faz todos os instintos ruins escancarem-se. Eu tenho em meus conhecidos vários animais de laboratório nos quais saboreio as diferentes, as muito instrutivamente diferentes reações a meus escritos. Quem não quer haver-se com seu conteúdo, por exemplo meus mencionados amigos, torna-se aqui "impessoal": desejam-me parabéns por eu ter ido novamente "muito longe", – também ocorreria um progresso numa maior jovialidade do tom... Os "espíritos" completamente viciosos, as "belas almas", aquelas fundamental e radicalmente mendazes, não sabem absolutamente o que devem fazer com esses livros, – por conseguintes, elas os veem *abaixo* de si, o belo rigor causal de todas "belas almas". A besta de chifre entre meus conhecidos, meros alemães, com sua licença, dá a entender não ser sempre da minha opinião, mas apenas às vezes, por exemplo... Eu ouvi isso mesmo sobre o Zaratustra... Da mesma forma, todo "feminismo" no ser humano, também no homem, é um fechar de portas para mim: nunca se entrará nesse labirinto de conhecimentos atrevidos. É preciso nunca ter se poupado, é preciso ter a *dureza* em seus hábitos para ser jovial e contente entre puras verdades duras. Quando penso na imagem de um leitor perfeito, sempre surge um monstro de coragem e curiosidade, além disso também algo flexível, astucioso, cauteloso, um aventureiro e descobridor nato. Por fim: a quem, no fundo, unicamente falo, eu não saberia dizer melhor do que disse Zaratustra: unicamente a *quem* ele quer contar seu enigma?

A vós, intrépidos buscadores, exploradores, e a quem alguma vez embarcou, com velas astuciosas para singrar mares temíveis, –

A vós, ébrios-de-enigmas, gozosos-das-penumbras, cuja alma foi atraída por flautas a todo abismo equívocos:

– porque vos recusais a seguir às cegas e com mão medrosa um fio condutor; e onde podeis *adivinhar*, detestais ter de *desbravar*...[13]

4.

Eu digo agora também algumas palavras gerais sobre minha *arte do estilo*. *Comunicar* um estado, uma tensão interna de páthos, por meio de signos, incluindo o ritmo desses signos – este é o sentido de todo estilo; e, considerando que a multiplicidade de estados internos em mim é extraordinária, há em mim muitas possibilidades de estilo – a arte mais múltipla do estilo em geral sobre a qual um ser humano já dispôs. *Bom* é todo estilo que realmente comunica um estado interno, que não se equivoca quanto aos signos, ao ritmo dos signos, aos *gestos* – todas as leis do período são arte do gesto. Meu instinto é aqui infalível. – Bom estilo *em si* – uma *pura estupidez*, mero "idealismo", algo como o "belo *em si*", como o "bom *em si*", como a "coisa *em si*"... Sempre ainda pressupondo que há orelhas – que haja tais que sejam capazes e dignas de um tal páthos, que não falhem, às quais seja *permitido* comunicar. – Meu Zaratustra, por exemplo, ainda continua buscando por tais – Ah! Ele terá ainda que procurar por muito tempo! – É preciso *merecer* ouvi-lo... E até lá não haverá ninguém que apreenda a *arte* que aqui foi prodigalizada: nunca alguém tivera de prodigalizar mais de meios artísticos novos, inauditos, feitos realmente somente para tanto. Que uma coisa parecida tenha sido possível precisamente na língua alemã, era algo a ser provado: eu mesmo o teria, anteriormente, rejeitado da maneira mais dura possível. Antes de mim não se sabia o que pode ser feito com a língua alemã – o que em geral pode ser feito com a língua. – A arte do *grande* ritmo, o *grande estilo* da periódica para exprimir um colossal acima e abaixo de paixão sublime, sobre-humana, foi descoberto só por mim; com um ditirambo como o último do *terceiro* Zaratustra, intitulado "Os sete selos", voei milhares de milhas para além do que até então significava poesia.

---

13. *Zaratustra*, III, "Da visão e do enigma".

5.

– Que a partir dos meus escritos fale um psicólogo sem igual é talvez o primeiro discernimento que um bom leitor atinge – um leitor como eu mereço, que me leia como bons filólogos antigos liam seu Horácio. As proposições sobre as quais, no fundo, todo o mundo está de acordo, para nem mencionar os filósofos do dia a dia, os moralistas e outros panelas-ocas, cabeças-de-couve – aparecem a mim como ingenuidades do desacerto: por exemplo, daquela crença de que "não egoísta" e "egoísta" são opostos, ao passo que o próprio ego é meramente um "engodo superior", um "ideal"... Não há ações *nem* egoístas *nem* não egoístas: ambos os conceitos são um contrassenso psicológico. Ou a proposição "o ser humano aspira à felicidade"... Ou a proposição "a felicidade é a recompensa da virtude"... Ou a proposição "prazer e desprazer são opostos"... A Circe da humanidade, a moral, falseou – *moralizou* – fundamental e radicalmente todos os *psychologica* [aspectos psicológicos] até aquele temível desatino de que o amor deve ser algo "não egoísta"... É preciso assentar firmemente em *si*, é preciso permanecer bravamente sobre as duas próprias pernas, do contrário não se *pode* em absoluto amar. Definitivamente, as mulherezinhas sabem isso muitíssimo bem: elas não sabem o que diabo fazer de homens abnegados, meramente objetivos... É-me permitido ousar incluir aqui a suspeita de que eu *conheço* as mulherezinhas? Isso faz parte de meu dote dionisíaco. Quem sabe? Talvez eu seja o primeiro psicólogo do eterno-feminino. Elas todas me amam – uma história antiga: excluídas as mulherezinhas *infortunadas*, as "emancipadas", às quais faltam os meios para ter filhos. – Por sorte, não tenho vontade de deixar-me dilacerar: a perfeita mulher dilacera quando ama... Eu conheço essas adoráveis mênades... Ah, mas que pequena fera perigosa, insidiosa, subterrânea! E tão agradável nisso!... Uma mulher pequena que corre atrás de sua vingança passaria por cima até mesmo do destino. – A mulher é indizivelmente mais má do que o homem, também mais esperta; benignidade numa mulher já é uma forma de *degeneração*... Em todas as chamadas "boas almas" há uma calamidade fisiológica em seu fundamento, – eu não digo tudo, do contrário seria medi-cínico. A luta por direitos *iguais* é até mesmo um sintoma de enfermidade: todo médico sabe disso. – Ora, a mulher, quanto mais é mulher, debate-se com unhas e dentes contra direitos de modo geral: o estado de natureza, a eterna *guerra* entre os sexos lhe dá, de longe, o primeiro escalão. – Já deram ouvido à minha definição do amor? É a única que é digna de um filósofo. Amor – em seus meios, a guerra, em seu fundamento, o ódio mortal dos sexos. – Ouviram minha resposta à pergunta como *curar* uma mulher – "redimi-la"? Faça-lhe um filho. A mulher tem necessidade de filhos, o homem é apenas um meio: assim falava Zaratustra. – "Emancipação da mulher" – trata-se do ódio instintivo da mulher *malsucedida*, isto é, incapaz de engravidar, contra a bem-sucedida, – a luta contra o "homem" é sempre apenas um meio, pretexto, tática. Ao elevarem *a si*, como "mulher em si", como "mulher superior", como "idealista" da mulher, elas querem *rebaixar* o nível de escalão geral da mulher; nenhum meio mais seguro para tanto do que formação escolar em nível ginasial, calças e direitos políticos de voto em currais eleitorais. No fundo, as emancipadas são as *anarquistas* no mundo do "eterno-feminino", as que se deram mal, cujo instinto mais baixo é a vingança... Todo um gênero do "idealismo" mais maligno – o qual, de resto, também aparece nos homens, por exemplo em Henrik Ibsen, essa típica virgem de meia idade – tem o objetivo de *envenenar* a boa consciência moral, a natureza no amor entre os sexos... E para não deixar dúvida alguma quanto à minha convicção, tão *honnette* quanto forte, a esse respeito, quero compartilhar mais uma proposição de meu código moral contra o *vício*: com a palavra vício combato toda espécie de contranatureza ou, se se amam belas palavras, idealismo. A proposição diz: "A pregação da castidade é uma incitação pública à contranatureza. Qualquer desprezo da vida sexual, qualquer impurificação da mesma pelo conceito 'impuro' é o verdadeiro pecado contra o espírito santo da vida"[14].

6.

Para fornecer um conceito de mim como psicólogo, tomo uma curiosa peça de psicologia que aparece em "Para Além do Bem e do

14. "Artigo quarto" da "Lei contra o cristianismo", em *O Anticristo*.

Mal" – proíbo, de resto, qualquer conjectura sobre quem descrevo nessa passagem. "O gênio do coração, tal como o possui aquele grande oculto, o Deus-tentador e caçador de ratos nato das consciências morais, cuja voz sabe descender até o tártaro de toda alma, que não diz uma palavra, não lança um olhar no qual não haja uma consideração e piscadela de atração, de cuja maestria faz parte o saber mostrar-se – e não o que ele é, mas o que, para aqueles que o seguem, é uma coerção *a mais* para puxá-los sempre mais proximamente a ele, para segui-lo sempre mais íntima e escrupulosamente... O gênio do coração, que a todo som e enfatuação torna emudecido e ensina a escutar, que aplaina as almas ásperas e lhes dá para provar uma nova demanda, – ficarem quietas como um espelho, refletindo nelas o céu profundo... O gênio do coração, que ensina a mão inepta e ríspida a vacilar e apanhar com mais delicadeza; que adivinha, sob espesso e turvo ferro, o tesouro escondido e esquecido, a gota de bondade e doce espiritualidade, e é a vara divinatória para todo grão de ouro que permaneceu enterrado por muito tempo na masmorra de lodo e areia... O gênio do coração, de cujo toque todos saem mais ricos, não inspirados e surpresos, não como que agraciados e aflitos com bens alheios, mas, antes, ricos em si mesmos, mais novos do que antes, abalados, sentindo e ouvindo um vento suave de degelo, talvez mais inseguros, mais delicados, mais quebradiços, mais quebrados, mas repletos de esperanças que ainda não têm nome, repletos de uma nova vontade e fluência, repletos de uma nova desvontade e refluência..."[15]

15. *Para Além do Bem e do Mal*, aforismo 295.

O NASCIMENTO DA TRAGÉDIA

1.

Para ser justo com o "Nascimento da Tragédia" (1872), será preciso esquecer algumas coisas. Ele teve *repercussão* e mesmo fascinou naquilo que nele falhara – em sua aplicação prática ao *Wagnerismo*, como se este fosse um sintoma de *ascensão*. Esse escrito foi, exatamente por isso, um acontecimento na vida de Wagner: só dali em diante houve grandes esperanças ligadas ao nome Wagner. Ainda hoje me lembram disso, circunstancialmente tendo o *Parsifal* por ensejo: como é que *eu* tenho propriamente a responsabilidade de que uma opinião tão alta sobre o *valor cultural* desse movimento tenha vindo à baila. – Eu encontro esse escrito citado inúmeras vezes como "O *Renascimento* da Tragédia a partir do Espírito da Música": deram-se ouvidos apenas a uma nova fórmula da arte, do propósito, da *tarefa de Wagner*, – por meio disso se deixou de ouvir o que o escrito abrigava, no fundo, de valioso. "Helenismo e pessimismo": este teria sido um título sem ambiguidade: a saber, enquanto o primeiro ensinamento sobre como os gregos terminaram com o pessimismo – ao terem-no *superado*... A tragédia é precisamente a prova de que os gregos *não* eram pessimistas: Schopenhauer se equivocou aqui, assim como se equivocou em tudo. – Examinado com alguma neutralidade, o "Nascimento da Tragédia" parece muito extemporâneo: não se poderia sonhar que ele foi *iniciado* sob os estampidos da batalha de Wörth. Eu refleti profundamente sobre esses problemas diante dos muros de Metz, em madrugadas geladas de setembro, em pleno serviço de enfermagem; poder-se-ia antes acreditar que esse escrito fosse quinze anos mais velho. Ele é politicamente indiferente – "não alemão", seria dito hoje – ele tem um odor escandalosamente hegeliano, ele está estorvado em apenas algumas fórmulas do acre perfume mortuário de Schopenhauer. Uma "ideia" – a oposição dionisíaco e apolíneo – traduzida em algo metafísico; a própria história como o desenvolvimento dessa "ideia";

a oposição superada, na tragédia, em unidade; sob essa ótica, coisas que nunca haviam antes sido vistas uma diante da outra, de repente contrastadas, iluminadas e *apreendidas* uma a partir da outra... A ópera, por exemplo, e a revolução... As duas *novidades* decisivas do livro são, primeiro, a compreensão do fenômeno *dionisíaco* nos gregos: há uma primeira psicologia dele, vê-se nele a raiz primeira de toda a arte grega. A outra é a compreensão do socratismo: Sócrates como instrumento da dissolução grega, reconhecido pela primeira vez como típico *décadent*. "Racionalidade" *contra* instinto. A "racionalidade" a todo custo como poder perigoso, que solapa a vida! – um profundo silêncio hostil sobre o cristianismo em todo o livro. Ele não é nem apolíneo nem dionisíaco; ele *nega* todos os valores *estéticos* – os únicos valores que o "Nascimento da Tragédia" reconhece; ele é niilista no sentido mais profundo, ao passo que no símbolo dionisíaco é atingido o limite mais extremo da *afirmação*. Em uma oportunidade é feita uma alusão ao sacerdote cristão como a uma "espécie sorrateira de anões", de "subterrâneos"...

2.

Esse começo é notável além de todas as medidas. Eu *descobrira* a única parábola e contraparte que a história possui para a minha experiência mais íntima, – eu fora o primeiro a apreender, justamente nisso, o maravilhoso fenômeno do dionisíaco. Da mesma maneira, por eu ter reconhecido Sócrates como *décadent*, era fornecida uma prova completamente inequívoca de quão pouco perigo corre a certeza de minha mão para coisas de psicologia por parte de qualquer idiossincrasia-moral: – a própria moral como sintoma de *décadence* é uma novidade, uma singularidade de primeiro escalão na história do conhecimento. O quão alto eu havia saltado, com ambas, para muito além da miserável baboseira de cabeça-oca sobre otimismo *contra* pessimismo! – Eu via pela primeira vez a verdadeira oposição: – o instinto *degenerado*, que se volta contra a vida com sede subterrânea de vingança (– cristianismo, a filosofia de Schopenhauer, em certo sentido já a filosofia de Platão, todo o idealismo, como formas típicas), e, nascida da abundância, da superabundância, uma fórmula da *afirmação suprema*, um dizer-Sim sem reservas, ao sofrimento mesmo, à culpa mesma, a tudo o que é questionável e estranho da existência mesma... Esse derradeiro, o mais jubiloso, o mais transbordante-altivo Sim à vida é não apenas o discernimento supremo, ele é também o mais *profundo*, o que é mais rigorosamente confirmado e sustentado pela verdade e ciência. Nada do que é deve ser espoliado, nada é prescindível – os lados da existência negados pelos cristãos e outros niilistas são, na ordem hierárquica dos valores, de uma ordem infinitamente superior do que aquilo a que o instinto de decadência deve assentir, *chamar de bom*. Apreender isso implica *coragem* e, como sua condição, um excedente de *força*: pois nos aproximamos da verdade na exata medida de força segundo a qual é *permitido* à coragem ousar avançar. O conhecimento, o dizer-Sim à realidade é, para os fortes, uma necessidade igual à que, para os fracos, sob a inspiração da fraqueza, é a covardia e *fuga* diante da realidade – o "ideal"... Eles não estão livres para conhecer: os *décadents necessitam* da mentira, ela é uma de suas condições de conservação. – Quem não apenas apreende a palavra "Dionisíaco", mas também na palavra "dionisiacamente" *se* apreende, não necessita da refutação de Platão, da do cristianismo ou da de Schopenhauer – ele *sente o cheiro de putrefação...*

3.

Em que medida eu, precisamente com isso, encontrara o conceito "trágico", o conhecimento derradeiro sobre o que é a psicologia da tragédia, eu o exprimi novamente no *Crepúsculo dos Deuses*, página 139: "O dizer-Sim à vida, mesmo em seus problemas mais alheios e mais difíceis; a vontade de vida, regozijando-se da própria inesgotabilidade no *sacrifício* de seus tipos supremos – *isso* eu denominei dionisíaco, isso eu entendi como ponte para a psicologia do poeta *trágico*. *Não* para libertar-se do temor e compaixão, não para purificar-se de um afeto perigoso por meio de uma descarga veemente – assim Aristóteles o compreendeu equivocadamente: mas, antes, para além do temor e compaixão, *ser em si mesmo* o prazer eterno do devir, que inclui em si também ainda o *prazer no aniquilar...*". Nesse sentido, eu tenho o direito de me entender como o primeiro *filósofo trágico* – quer dizer, a contraposição mais extrema e antípoda de um filósofo pessimista. Antes de mim não havia essa transposição do dionisíaco em um páthos filosófico: faltava a *sabedoria trágica*, – eu busquei inutilmente por indícios disso até nos *grandes* gregos da filosofia, aqueles dos dois séculos *antes* de Sócrates. Ficou-me uma dúvida em *Heráclito*, em cuja proximidade sinto-me de todo mais quente, com mais bem-estar do que em qualquer outro lugar. A afirmação do que passa *e do aniquilar*, o que há de mais decisivo em uma filosofia dionisíaca, o dizer-Sim à contraposição e guerra, o *devir*, com recusa radical mesmo do conceito "ser" – nisso eu tenho de reconhecer, sob todas as circunstâncias, aquilo que de mais aparentado a mim foi até agora pensado. A doutrina do "eterno retorno", isto é, do ciclo incondicionado e infinitamente repetido de todas as coisas – essa doutrina de Zaratustra *poderia* enfim também já ter sido ensinada por Heráclito. Pelo menos o estoicismo, que em quase sua totalidade herdou de Heráclito suas concepções mais fundamentais, tem traços dela. –

4.

Desta escrita fala uma colossal esperança. Falta-me, por fim, qualquer fundamento para retratar-me quanto à esperança em um futuro dionisíaco da música. Lancemos um olhar de um século adiante, digamos que seja o caso de que meu atentado a dois milênios de contranatureza e de profanação ao ser humano tenha êxito. Aquele novo partido da vida, que toma em suas mãos a maior de todas as tarefas, o cultivo superior da humanidade, incluindo a aniquilação indiscriminada de tudo o que é degenerado e parasitário, torna-se novamente possível na Terra aquele *demasiado de vida* a partir do qual também o estado dionisíaco tem de crescer novamente. Eu prometo uma era *trágica*: a arte suprema no dizer-Sim à vida, a tragédia, irá renascer quando a humanidade já tiver atrás de si a consciência das guerras mais árduas, porém as mais necessárias, *sem sofrer com isso*... A um psicólogo seria ainda permitido acrescentar que aquilo que ouvi de música wagneriana quando jovem não tem absolutamente nada a ver com Wagner; que, quando descrevia a música dionisíaca, descrevia o que *eu* escutara, – que eu, instintivamente, precisava transfigurar e traduzir tudo no novo espírito que eu trazia em mim. A prova disso, *tão forte como só uma prova pode ser*, é meu escrito "Wagner em Bayreuth": em todas as passagens psicologicamente decisivas fala-se apenas de mim, – é permitido colocar indiscriminadamente meu nome ou a palavra "Zaratustra" onde o texto fornece a palavra Wagner. Toda a imagem do artista *ditirâmbico* é a imagem do poeta *preexistente* do Zaratustra, traçado com profundidade abismal e sem sequer tocar em instante algum a realidade wagneriana. O próprio Wagner tinha uma noção disso; ele não se reconheceu no escrito. – Da mesma forma, "o pensamento de Bayreuth" transformara-se em algo que não será um conceito enigmático para os conhecedores do meu Zaratustra: naquele *grande meio-dia* em que os mais seletos se dedicam à maior de todas as tarefas – quem sabe? A visão de uma celebração que eu ainda vivenciarei... O páthos das primeiras páginas é da história mundial; o *olhar* sobre o qual se fala na sétima página é o verdadeiro olhar do Zaratustra; Wagner, Bayreuth, toda a pequena deploração alemã é uma nuvem na qual se reflete uma infinita *fata morgana* [miragens] do futuro. Mesmo psicologicamente todos os traços decisivos de minha própria natureza são registrados nos de Wagner – o estar lado a lado das forças mais rarefeitas e mais fatídicas, a vontade de potência, como nenhum ser humano a possuiu, a bravura implacável no que há de espiritual, a força ilimitada de aprender sem que a vontade de ação seja com isso esmagada. Tudo nesse escrito é prenunciativo: a proximidade do retorno do espírito grego, a necessidade de *Anti--Alexandres* que voltem a *atar* o nó górdio da cultura grega depois de ele ter sido desfeito... Ouve-se o acento de história mundial com o qual, na página 30, o conceito "intenção trágica" é introduzido: trata-se de límpidos acentos de história mundial neste escrito. Essa é a "objetividade" mais exótica que pode haver: a certeza absoluta do que *sou* projetava-se a uma realidade contingente qualquer, – a verdade sobre mim falava a partir de uma profundidade de dar calafrios. Na página 71, o *estilo* do Zaratustra é descrito e antecipado com incisiva segurança; e jamais será encontrada uma expressão mais magnificente para o *acontecimento* Zaratustra, para o ato de uma colossal pureza e devoção à humanidade, do que aquela que foi encontrada nas páginas 43 a 46. –

AS EXTEMPORÂNEAS

1.

As quatro *Extemporâneas* são inteiramente belicosas. Elas provam que eu não era nenhum "Hans, o Sonhador" e que me agrada desembainhar a espada – talvez também que tenho o pulso perigosamente livre. O *primeiro* ataque (1873) foi à cultura alemã, que já na altura eu olhava de cima com desprezo inexorável. Sem sentido, sem substância, sem objetivo: uma mera "opinião pública". Não há equívoco mais maléfico do que crer que o grande sucesso dos alemães nas armas provaria algo em favor dessa cultura – ou mesmo *seu* triunfo sobre a França... A *segunda* Extemporânea (1874) traz à luz o que há de perigoso, o que corrói e envenena a vida em nossa maneira de condução da ciência –: a vida *enferma* por essa engrenagem e mecanismo desumanizado, pela "*im*pessoalidade" do trabalhador, pela falsa economia da "divisão do trabalho". O *fim* se perde, a cultura: – o meio, a moderna condução da ciência, *barbariza*... Nesse tratado, o "sentido histórico", do qual esse século se orgulha, foi pela primeira vez reconhecido como enfermidade, como sinal típico do declínio. – Na *terceira* e *quarta* Extemporâneas foram estabelecidas contra isso, como indicações de um conceito *superior* da cultura, da reconstituição do conceito "cultura", duas imagens do mais duro *egoísmo, autodisciplina*, dois tipos extemporâneos *par excellence*, repletos de desprezo soberano contra tudo que, ao seu redor, chama-se "Império", "cultura, "cristianismo", "Bismarck", "sucesso", – Schopenhauer e Wagner *ou*, em uma palavra, Nietzsche...

2.

Desses quatro atentados, o primeiro teve um sucesso extraordinário. O barulho que ele suscitou foi primoroso em todos os sentidos. Eu havia mexido na ferida de uma nação triunfante – que seu triunfo *não* seria um acontecimento da cultura, mas, antes, talvez, talvez algo bem diferente... A resposta veio de todos os lados e não tão somente dos amigos antigos de David Strauss, quem eu ridicularizara como o tipo de um filisteu cultural alemão e *satisfait* [satisfeito], em poucas palavras, como autor de seu evangelho de mesa de bar da "antiga e nova fé" (– a palavra filisteu cultural tornou-se corrente no idioma por causa do meu escrito). Esses amigos antigos, nos quais, como würtembergenses e suábios, eu havia dado uma profunda picada ao ter achado graça de seu animal fabuloso, de seu avestruz[16], responderam tão leal e toscamente quanto eu poderia de alguma maneira desejar; as réplicas prussianas foram mais inteligentes, – elas continham mais "azul prussiano". O mais indecoroso foi cometido por um periódico de Leipzig, o famigerado "Grenzboten"; foi difícil impedir meus conhecidos revoltados de Basel de tomarem alguma medida. Apoiado incondicionalmente fui apenas por alguns antigos senhores, por razões variadas e, em parte, imperscrutáveis. Entre eles, Ewald, em Göttingen, que deu a entender que meu atentado foi mortal para Strauss. Da mesma forma, o antigo hegeliano Bruno Bauer, no qual tive um de meus leitores mais atentos desde então. Ele amava, em seus últimos anos, referir-se a mim, por exemplo, insinuar ao senhor von Treitschke, o historiador prussiano, que havia alguém de quem ele poderia recolher informações sobre o conceito "cultura", o qual havia sido por ele perdido. O que houve de mais meditado, também de mais extenso sobre o escrito e seu autor, foi dito por um antigo aluno do filósofo von Baader, um professor Hoffmann, em Würzburg. Com base no escrito, ele previu uma grande vocação para mim – desencadear uma espécie de crise e decisão suprema no problema do ateísmo, cujo tipo mais instintivo e implacável ele adivinhou em mim. O ateísmo foi o que me levou a Schopenhauer. – De longe, o que de melhor se ouviu e mais amargamente se sentiu foi a defesa extraordinariamente enérgica e brava do geralmente tão brando Karl Hillebrand, esse último alemão *humano*, que sabia conduzir sua pena. Seu artigo saiu no "Augsburger Zeitung"; é possível hoje lê-lo, numa versão algo mais cautelosa, em seus escritos reunidos. O escrito foi aqui exposto como acontecimento, ponto de virada, pri-

16. Trata-se de um trocadilho com o sobrenome de David Strauss. "*Strauß*" significa "avestruz" em alemão.

meira tomada de consciência, o melhor sinal de todos, como um verdadeiro *regresso* da seriedade alemã e da paixão alemã em temas do espírito. Hillebrand se encheu de altos elogios distintivos pela forma do escrito, por seu gosto maduro, por um tato perfeito na diferenciação entre a pessoa e o objeto: ele o distinguiu como o melhor escrito polêmico escrito em alemão, – precisamente na arte para os alemães tão perigosa, tão desaconselhada, da polêmica. Concordando incondicionalmente comigo, sendo até mesmo mais agudo naquilo que eu ousara dizer sobre a pauperização linguística na Alemanha (– hoje fazem o papel de puristas e não podem mais formar frase alguma –), num similar desprezo pelos "primeiros escritores" dessa nação, ele termina expressando sua admiração pela minha *coragem* – aquela "coragem suprema, que leva ao banco dos réus justamente os favoritos de um povo"... A repercussão desse escrito é simplesmente inestimável em minha vida. Ninguém queria ter nada comigo antes. Silencia-se, sou tratado na Alemanha com uma cautela fúnebre: faz anos que me utilizei de uma liberdade incondicional de discurso, para a qual hoje ninguém, menos ainda no "Império", tem a *mão* livre o suficiente. Meu paraíso é "sob a sombra de meu gládio"... No fundo, eu praticara uma máxima de Stendhal: ele aconselha que a entrada na sociedade seja feita com um *duelo*. E como eu escolhera meu oponente! O primeiro espírito livre alemão!... De fato, uma espécie inteiramente *nova* de espíritos livres ganhou com isso sua primeira expressão: até hoje nada me é mais estranho e distante do que toda a espécie europeia e americana de "*libres penseurs*" [livre-pensadores]. Com eles, assim como com incorrigíveis cabeças ocas e arlequins das "ideias modernas", encontro-me até mesmo em uma discórdia mais profunda do que com qualquer um de seus oponentes. Eles também desejam, à sua maneira, "melhorar" a humanidade, segundo sua imagem, eles fariam uma guerra irreconciliável contra o que eu sou, o que eu *quero*, contanto que eles o entendessem, – eles ainda creem, todos eles, no "ideal"... Eu sou o primeiro *imoralista*. –

3.

Que as Extemporâneas assinaladas com os nomes Schopenhauer e Wagner possam servir particularmente para a compreensão ou apenas para o questionamento psicológico de ambos os casos, isto eu não gostaria de afirmar, excluídas, como é justo, algumas coisas. Assim, por exemplo, o que há de elementar na natureza de Wagner já é aqui indicado, com profunda segurança de instinto, como um dom de ator que, de seus meios e intenções, somente extrai as consequências. No fundo, com esses escritos eu queria fazer algo totalmente diferente do que praticar psicologia: – um problema da educação sem igual, um novo conceito da *autodisciplina*, *autodefesa* até a dureza, um caminho para a grandeza e para tarefas da história mundial demandava sua primeira expressão. Grosso modo, eu agarrava dois tipos célebres e ainda não completamente estabelecidos pelos cabelos, assim como se agarra uma oportunidade para manifestar algo, para ter à mão um par de fórmulas, sinais, meios linguísticos a mais. Alude-se por fim a isso, com sagacidade completamente tétrica, na página 93 da terceira Extemporânea. De modo semelhante, Platão serviu-se de Sócrates, como de uma semiótica para Platão. – Agora, quando retrospectivamente olho com alguma distância para aquelas circunstâncias das quais aqueles escritos são testemunhas, eu não gostaria de desmentir que elas, no fundo, falam apenas de mim. O escrito "Wagner em Bayreuth" é uma visão de meu futuro; de forma oposta, em "Schopenhauer como Educador" está registrada minha história mais íntima, meu *devir*. Sobretudo meus *votos*!... *O que* sou hoje, *onde* estou hoje – em uma altura na qual não falo mais com palavras, mas com relâmpagos –, ah, quão distante dela ainda estava naquele momento! – Mas eu *via* a terra, – eu não me iludi em nenhum instante sobre caminho, mar, perigo – *e* triunfo! A grande tranquilidade na promessa, essa feliz mirada para um futuro que não deve permanecer uma promissão! – Aqui toda palavra é vivenciada, profunda, interna; nada falta do que é mais doloroso, há palavras aqui que são francamente sanguinolentas. Mas um vento da *grande* liberdade sopra por tudo; a própria ferida *não* age como objeção. – Da maneira em que entendo os filósofos, como um temível material explosivo diante do qual tudo corre perigo, da maneira em que coloco meu conceito "filósofo" a milhas de distância de um conceito que inclui até mesmo um Kant, para não falar dos "ruminadores" acadêmicos e outros professores universitários de filosofia: sobre isso o escrito fornece um ensinamento inestimável, mesmo admitindo que aqui, no fundo, o que fala não é "Schopenhauer como Educador", mas, antes, seu *oposto*: “Nietzsche como Educador”. – Tendo em consideração que, à altura, meu ofício era o de um erudito e, talvez também, que eu *entendia* meu ofício, não é sem importância um agudo fragmento de psicologia do erudito que repentinamente se manifesta nesse escrito: exprime o *sentimento de distância*, a profunda segurança sobre o que, em mim, pode ser *tarefa*, o que pode ser meramente meio, entreato e trabalho colateral. Trata-se de minha esperteza ter sido muitos e em muitos lugares, para poder tornar-me um, – para poder chegar a ser um. Eu *precisava* por algum tempo também ser erudito. –

HUMANO, DEMASIADO HUMANO

COM DUAS SEQUÊNCIAS

1.

"Humano, Demasiado Humano" é o monumento de uma crise. Ele se denomina um livro para espíritos *livres*: quase toda frase nele expressa um triunfo – eu me libertei daquilo de *impróprio* em minha natureza. Impróprio me é o idealismo: o título afirma "onde *vós* vedes coisas ideais, *eu* vejo – humano, ah, apenas demasiado humano!"... Eu conheço o ser humano *melhor*... Em nenhum outro sentido a palavra "espírito livre" deve ser entendida: um espírito que *se tornou livre*, que retomou posse de si mesmo. O tom e o timbre de voz mudaram completamente: pode considerar-se o livro inteligente, frio, circunstancialmente duro e zombeteiro. Uma certa espiritualidade de gosto *nobre* parece sobrelevar-se continuamente contra uma corrente mais apaixonada ao fundo. Nesse contexto, tem sentido que seja propriamente ao aniversário de cem anos de morte de Voltaire que a edição, já no ano de 1878, como que serve de desculpa. Pois Voltaire, em oposição a tudo o que foi escrito depois dele, é sobretudo um *grandseigneur* [grande senhor] do espírito: exatamente o que eu também sou. – O nome Voltaire em um escrito meu – isso foi realmente um progresso – *a mim*... Se se observa mais atentamente, descobre-se então um espírito inclemente que conhece todos os esconderijos onde o ideal está oculto, – onde este tem suas masmorras e como que sua última segurança. Uma tocha nas mãos, que não dá, em absoluto, uma luz "vacilante", vem, com uma tal luminosidade cortante, iluminar esse *submundo* do ideal. Trata-se da guerra, mas a guerra sem pólvora e fumo, sem atitudes belicosas, sem páthos e membros desarticulados – mesmo isso tudo seria ainda "idealismo". Um erro atrás do outro é calmamente esfriado, o ideal não é refutado – *ele congela*... Aqui, por exemplo, congela "o gênio"; um *pouquinho* mais adiante congela "o santo"; sob um espesso sincelo congela "o herói"; ao final congela "a fé", a chamada "convicção", também a "compaixão" se resfria significativamente – quase por todos os lados congela "a coisa em si"...

2.

Esse livro principiou em meio às semanas do primeiro festival de Bayreuth; um profundo alheamento em relação a tudo o que ali me rodeava é um dos seus primeiros pressupostos. Quem tem uma noção das espécies de visões que já na altura me cruzavam o caminho pode imaginar como eu me sentia quando um dia despertei em Bayreuth. Era absolutamente como se eu sonhasse... Onde é que eu estava? Eu não reconhecia nada, eu quase não reconhecia Wagner. Inutilmente folheava minhas lembranças. Tribschen – uma longínqua ilha de bem-aventurados: nenhuma sombra de similaridade. Os inigualáveis dias de lançamento da pedra fundamental, a pequena sociedade *apropriada* que o festejava e da qual não se podia desejar que só tivesse dedos para coisas delicadas: nenhuma sombra de similaridade. *O que havia acontecido?* – Wagner havia sido traduzido para o alemão! O wagneriano havia dominado Wagner! – A arte *alemã*! O mestre *alemão*! A cerveja *alemã*!... Nós, os outros, que sabíamos muito bem para que espécie de artista refinado, para qual cosmopolitismo do gosto a arte de Wagner unicamente fala, estávamos fora de nós ao reencontrar Wagner ornado com "virtudes" alemãs. – Eu penso conhecer o wagneriano, eu "vivenciei" três gerações, desde o finado Brendel, que confundia Wagner com Hegel, até os "idealistas" das Bayreuther Blätter que confundem Wagner com eles mesmos, – eu ouvi toda espécie de confissões de "belas almas" sobre Wagner. Meu reino por uma só palavra razoável! – Na verdade, uma sociedade de arrepiar os cabelos! Nohl, Pohl, *Kohl*[17] com graça *in infinitum*! Não falta entre eles nenhuma criatura disforme, nem mesmo o antissemita. – Pobre Wagner! Onde foi que ele se meteu! Se ao menos ele tivesse se enfiado no meio dos porcos! Mas entre alemães!... Dever-se-ia, enfim, para instruir a posteridade, empalhar um genuíno bayreuthiano,

17. Karl Friedrich Nohl e Richard Pohl eram partidários de Richard Wagner, e *Kohl* significa em alemão, grosso modo, "couve", além de, em coloquialismo mais raro, "besteira", "disparate".

melhor ainda colocar no álcool, pois lhe falta espírito[18] –, com a inscrição: assim parecia o "espírito" por sobre o qual fundou-se o Império... Basta, eu parti por algumas semanas em meio a tudo, bem repentinamente, embora uma charmosa parisiense tentasse me consolar; eu me desculpei com Wagner apenas com um telegrama fatalista. Em um lugar escondido nas profundezas da floresta da Boêmia, Klingenbrunn, cismei minha melancolia e desprezo pelos alemães como uma enfermidade – *e* escrevia de tempos em tempos, com o título "A Relha", uma frase em meu livro de anotações, puros temas psicológicos *duros*, que talvez ainda podem ser encontrados em "Humano, Demasiado Humano".

3.

O que então se decidiu em mim não foi como que um rompimento com Wagner – eu sentia um desvio completo do meu instinto, do qual os desacertos específicos, fosse Wagner ou a cadeira de professor na Basileia, eram apenas um indício. Uma *impaciência* comigo sobressaltou-me; eu discernia que chegava a hora de eu voltar a refletir sobre *mim* mesmo. De um só golpe ficou claro para mim, de uma maneira terrível, quanto tempo já fora desperdiçado – quão inutilmente, quão arbitrariamente toda a minha existência de filólogo discrepava da minha tarefa. Eu me envergonhava dessa *falsa* modéstia.... Dez anos deixados para trás, nos quais propriamente a *alimentação* do espírito paralisara-se em mim, nos quais não aprendera nada de aproveitável, nos quais eu esquecera absurdamente tanta coisa para ganhar farelos de erudição empoeirada. Rastejar-se com acribia e maus olhos por entre métricas antigas – eu tinha chegado a esse ponto! – Eu me mirava, com comiseração, extremamente magro, extremamente famélico: as *realidades* faltavam por completo no interior do meu saber, e as "idealidades", a que diabo se prestavam! – Uma sede absolutamente abrasadora apoderou-se de mim: desde então nada mais pratiquei, de fato, senão fisiologia, medicina e ciências naturais – mesmo a estudos propriamente históricos eu apenas

---

18. *Spiritus*. Nietzsche faz um trocadilho com o termo: *Spiritus* designa tanto "álcool", "bebida alcóolica", como "espírito"

regressei quando a tarefa me *coagiu* imperiosamente para tanto. Na altura também adivinhei pela primeira vez o nexo entre uma atividade escolhida contrariamente ao instinto, uma denominada "profissão" para a qual a *última coisa* que se tem é vocação[19] – e aquela necessidade física de um *aturdimento* do sentimento de monotonia e de fome por meio de uma arte narcótica, – por exemplo, por meio da arte wagneriana. Olhando cuidadosamente ao meu redor, descobri que, para um grande número dos homens jovens, existe uma calamidade semelhante: uma contranatureza *impele*, formalmente, uma segunda. Na Alemanha, no "Império", falando de forma inequívoca, muitíssimos são condenados a decidir-se antes da hora e, então, *languidescer* sob um fardo que se tornou irremovível... Esses ansiavam por Wagner como a um *opiato*, – eles esquecem de si, eles se libertam de si mesmos por um instante... O que digo! *Por cinco a seis horas*! –

4.

Naquela altura, meu instinto decidiu-se inflexivelmente contra um ceder, ir-junto, confundir-a-mim mesmo, ainda mais longos. Toda espécie de vida, as condições desfavoráveis, enfermidade, pobreza – tudo me parecia preferível àquela "abnegação" indigna na qual inicialmente me enredei por ignorância, por *juventude*, na qual posteriormente permaneci preso por inércia, pelo denominado "sentimento de dever". – Aqui me veio auxiliar, de uma maneira que não deixa de surpreender-me o bastante, e no momento exato, aquela má herança por parte do meu pai, – no fundo, uma predestinação para uma morte precoce. A enfermidade *liberou-me lentamente*: ela me poupava de qualquer ruptura, de qualquer passo violento e chocante. Eu não tinha na época perdido benevolência alguma e conquistei muito mais. A enfermidade me deu, igualmente, um direito a uma perfeita reviravolta em todos os meus hábitos; ela me permitiu, ela me *ordenou* esquecer; ela me brindou com a *coação* à imobilização, ao ócio, à espera e à paciência... Ora, mas isso significa pensar!... Meus olhos, sós, deram um fim a toda bibliofagia, falando claramente: filologia: eu

19. Em alemão, *Beruf* significa, entre outras coisas, "profissão", e *berufen* significa, entre outras coisas, "ter vocação", "ser vocacionado" para algo.

estava redimido do "livro", eu não li mais nada por anos – a *maior* beneficência que eu jamais me concedi! – Aquele Eu mais baixo, como que soterrado, como que tendo sido silenciado por sob um contínuo *ter-de*-ouvir os outros Eus (– ora, isso significa ler!), cresceu lentamente, acanhado, duvidoso – mas finalmente ele *voltou a falar*. Nunca tive tanta felicidade comigo mesmo como nos tempos mais enfermos e dolorosos de minha vida: é preciso apenas considerar "Aurora" ou talvez o "Andarilho e sua Sombra" para compreender o que foi esse "regresso a *mim*": uma espécie suprema de *convalescença* própria!... A outra apenas se segue dela. –

5.

Humano, Demasiado Humano, esse monumento de uma rigorosa autodisciplina, com a qual me preparei um súbito fim a todo inoculado "engodo superior", "idealismo", "sentimento belo" e outras feminilidades, foi redigido, em suas partes principais, em Sorrento; ele recebeu seu desfecho, sua forma definitiva, em um inverno na Basileia, sob condições desigualmente mais desfavoráveis do que aquelas em Sorrento. No fundo, o senhor *Peter Gast*, que à época estudava na Universidade da Basileia e me era muito afeiçoado, tomou responsabilidade pelo livro. Eu ditava, com a cabeça enfaixada e dolorida, ele transcrevia, ele corrigia também, – ele era, no fundo, o verdadeiro escritor, enquanto eu era meramente o autor. Quando o livro finalmente veio, pronto, às minhas mãos – para o profundo espanto de um enfermo em estado grave –, enviei dois exemplares a Bayreuth, entre outros lugares. Por um milagre, no sentido de um acaso, chegou-me ao mesmo tempo um belo exemplar do texto do Parsifal com uma dedicatória de Wagner a mim, "a seu estimado amigo Friedrich Nietzsche, Richard Wagner, Kirchenrath". – Esse cruzamento dos dois livros – para mim era como se eu ouvisse nisso um tom ominoso. Não soa como se *espadas* se cruzassem?... Em todo caso, foi assim que ambos o percebemos: pois ambos nos calamos. – Por volta dessa época foram publicadas as primeiras *Bayreuther Blätter*: eu compreendi *de que* chegara a hora. – Inacreditável! Wagner se tornara devoto...

6.

Como eu na época (1876) pensava sobre mim, com que segurança colossal eu detinha à mão minha tarefa e o que há de histórico mundial nela, sobre isso o livro inteiro dá testemunho, sobretudo, porém, uma passagem bem explícita: que eu, com o ardil que me é instintivo, também aqui contornava novamente a palavrinha "eu" e, dessa vez, não abrilhantava Schopenhauer ou Wagner com uma glória histórico mundial, mas, antes, um amigo meu, o distinto Dr. Paul Rée – por sorte, um animal muito mais fino do que... *outros* eram menos finos: eu tinha os desamparados entre meus leitores, por exemplo, os típicos professores universitários alemães, sempre reconhecidos por terem acreditado ser preciso entender, apoiando-se nessa passagem, o livro inteiro como um Realismo superior... Na verdade, ela continha a refutação de cinco, seis proposições de meu amigo: para isso, pode-se consultar o prefácio a Genealogia da Moral. – A passagem afirma: qual é mesmo a principal proposição à qual um dos mais audazes e frios pensadores, o autor do livro "Sobre a origem dos sentimentos morais" (*lisez* [leia-se]: Nietzsche, o primeiro *imoralista*), chegou em razão de suas incisivas e cortantes análises da ação humana? "O ser humano moral não está mais próximo do mundo inteligível do que o [ser humano] físico – *pois* não há mundo inteligível...". Essa proposição, tornada dura e ousada sob a martelada do conhecimento histórico (*lisez*: *transvaloração de todos os valores*), pode talvez alguma vez, em algum futuro qualquer – 1890! – servir como o machado que chega na raiz da "carência metafísica" da humanidade, – se mais para a bênção ou para a maldição da humanidade, quem saberia dizê-lo? Mas, em todo caso, como uma proposição de consequências das mais consideráveis, ao mesmo tempo frutífera e terrífica e que mira o mundo com aquele *duplo olhar* que todos os grandes conhecimentos possuem...

AURORA

PENSAMENTOS SOBRE A MORAL COMO PRECONCEITO

1.

Com esse livro inicia-se minha campanha contra a *moral*. Não que ele tivesse em si o mais ínfimo odor de pólvora: – nele percebem-se odores inteiramente outros e muito mais adocicados, contanto que se tenha alguma fineza nas narinas. Artilharia nem grande e tampouco pequena: sendo negativo o efeito do livro, então tanto menos o são seus meios, esses meios dos quais o efeito segue como uma conclusão, *não* como uma explosão de canhão. Que se despeça desse livro com uma esquiva cautela diante de tudo o que até então fora honrado e adorado sob o nome da moral, é algo que não contradiz que, em todo o livro, não haja nenhuma palavra negativa, nenhum ataque, nenhuma malícia – que, pelo contrário, ele repouse no sol, faceiro, feliz, feito um animal marinho que toma sol entre rochedos. Afinal, era eu próprio esse animal marinho: quase toda frase do livro é concebida, *capturada* naquela barafunda de rochedos próxima de Genova, onde eu estava sozinho e ainda possuía sigilos com o mar. Ainda agora, em um contato casual com esse livro, quase toda frase leva-me ao extremo em que novamente retiro das profundezas uma coisa incomparável qualquer: toda a sua pele freme com suaves calafrios de recordação. A arte que o coloca à frente dos demais não é nada pequena em tornar um pouco fixas coisas que se evadem ligeiramente e sem ruído, instantes que denomino lagartos divinos – não como que com a crueldade daquele jovem deus grego que simplesmente espeta o pobre lagarto, mas ainda assim com algo pontiagudo, com a pena... "Há tantas auroras que ainda não luziram" – Essa inscrição *indiana* encontra-se na porta para esse livro. *Onde* seu autor *busca* aquela nova manhã, aquele suave escarlate ainda não descoberto com o qual um dia – ah, toda uma série, todo um mundo de novos dias! – solevanta? Em uma *transvaloração de todos os valores*, em um desvencilhar-se de todos os valores morais, em um dizer-Sim e ter-confiança em tudo aquilo que até então fora proibido, desprezado, amaldiçoado. Esse livro *que-diz-Sim* emana sua luz, seu amor, sua ternura a coisas puramente ruins, ele lhes dá de volta "a alma", a boa consciência moral, o alto direito e *privilégio* à existência. A moral não é atacada, ela apenas não é mais levada em consideração... Esse livro termina com um "ou"?, – ele é o único livro que termina com um "ou"?...

2.

Minha tarefa de preparar um instante de suprema tomada de consciência da humanidade, um *grande meio-dia* em que ela lança um olhar para trás e para adiante, em que ela se retira da dominação do acaso e dos sacerdotes e coloca a questão do por quê? do para quê? pela primeira vez *como um todo* –, essa tarefa se segue com necessidade do discernimento de que a humanidade *não* está por si mesma no caminho correto, de que ela *não* é em absoluto regida divinamente, de que, talvez justamente sob seus conceitos de valor mais sagrados, o instinto da negação, da corrupção, o instinto de *décadence* tenha governado sedutoramente. Por isso, a pergunta pela proveniência dos valores morais é para mim uma pergunta de *primeira ordem*, porque ela condiciona o futuro da humanidade. A exigência de que se deva *crer* que tudo está, no fundo, nas melhores mãos, que um livro, a Bíblia, fornece um apaziguamento definitivo acerca da condução e sabedoria divina na sorte da humanidade, significa, traduzida novamente na realidade, não deixar que surja a vontade, a verdade sobre o seu oposto digno de pena – a saber, que a humanidade estava até agora nas *piores* mãos, que ela fora regida pelos que tomaram o mau caminho, os ardilosos-sedentos por vingança, os denominados "santos", esses difamadores do mundo e profanadores do ser humano. O sinal decisivo do qual resulta que o sacerdote (– incluídos os sacerdotes *às escondidas*, os filósofos) assenhoreou-se não apenas do interior de uma determinada comunidade religiosa, mas, sim, de todas as partes, que a moral da *décadence,* a vontade de fim vale como moral *em si*, é o valor incondicionado que por todas as partes é concedido ao não egoísta, e a inimizade que por todas as partes é concedida ao egoísta. Quem está em desacordo comigo nesse ponto, eu o considero como *infectado*... Mas todo o mundo está em desacordo comigo... Para um fisiólogo, uma tal oposição de valor não deixa dúvida alguma. Se, no interior do organismo, o mais ínfimo órgão deixa, numa medida por menor que seja, de impor com perfeita segurança sua autoconservação, sua reserva de força, seu "egoísmo", então o todo se degenera. O fisiólogo demanda o *decepamento* do órgão degenerado, ele nega toda solidariedade com o degenerado, ele está o mais distante possível da compaixão para com ele. Mas o sacerdote *quer* precisamente a degeneração do todo, da humanidade: por isso ele *conserva* o que é degenerado – a esse preço ele a domina... Qual sentido têm aqueles conceitos da mentira, os conceitos de *auxílio* da moral, "alma", "espírito", "vontade livre", "Deus", se não o de arruinar fisiologicamente a humanidade?... Quando se descura da seriedade da autoconservação, intensificação de força do corpo, *ou seja, da vida*, quando se constrói um ideal a partir da anemia, "a salvação da alma" a partir do desprezo do corpo, que outra coisa é isso senão uma *receita* para a *décadence*? – A perda de um fulcro, a resistência contra os instintos naturais, em uma palavra, a "abnegação" – isso se chamou até então *moral*... Com a "Aurora" principiei a luta contra a moral da renúncia de si. –

A GAIA CIÊNCIA

(*"LA GAYA SCIENZA"*)

A "Aurora" é um livro que diz-Sim, profundo, mas iluminado e benévolo. Isso vale, mais uma vez e em sumo grau, para a *gaya scienza*: quase em toda frase dela dão-se as mãos, ternamente, penetração e brejeirice. Um verso que exprime a gratidão pelo mês de janeiro mais maravilho que vivi – o livro inteiro é presente seu – revela suficientemente a partir de qual profundidade a ciência tornara-se aqui *gaia*:

Tu que com uma lança de chamas
Rompes o gelo da minha alma
E que o expulsas, fervente, para o mar,
De sua suprema esperança:
Cada vez mais clara e mais sadia,
Livre na mais amante necessidade –
Assim, ela celebra os teus milagres,
Oh, o mais belo Januarius!

Quem que, na conclusão do quarto livro, vê refulgir a beleza diamantina das primeiras palavras de Zaratustra, pode duvidar do que aqui significa "esperança suprema"? – Ou que lê as frases graníticas ao final do terceiro livro com as quais um destino *para todos os tempos* foi pela primeira vez colocado em fórmulas? – *As Canções do Príncipe Vogelfrei*, em boa parte compostas na Sicília, lembram bem explicitamente o conceito provençal da "*gaya scienza*", aquela unidade de *cantor*, *cavaleiro* e *espírito livre* com a qual aquela maravilhosa cultura primeva dos provençais se destaca diante de todas as culturas ambíguas; sobretudo a última poesia de todas, "*Ao Ministral*", uma balada travessa na qual, com a devida licença!, baila-se por sobre toda a moral, é um perfeito provençalismo. –

ASSIM FALAVA ZARATUSTRA

UM LIVRO PARA TODOS E PARA NINGUÉM

1.

Eu conto a partir de agora a história do Zaratustra. A concepção fundamental da obra, *o pensamento do eterno retorno*, essa fórmula mais suprema de afirmação que pode ser em geral atingida –, pertence a agosto do ano de 1881: ela foi lançada no papel com a inscrição: "6000 pés para além de ser humano e tempo". Naquele dia eu andava pelo bosque junto ao lago de Silvaplana; em um imponente bloco rochoso erigido em formato piramidal nas cercanias de Surlei, detive-me. Lá, ocorreu-me esse pensamento. – Remontando a alguns meses antes a partir desse dia, encontro, como presságio, uma mudança de meu gosto súbita e o mais profundamente decisiva, sobretudo na música. É permitido, talvez, colocar todo o Zaratustra na conta da música; – certamente, um renascimento na arte de *ouvir* era uma precondição sua. Em uma pequena terma montês nas cercanias de Vicenza, Recoaro, onde passei a primavera do ano de 1881, descobri, junto ao meu maestro e amigo Peter Gast, também um "renascido", que a Fênix música sobrevoava-nos com uma penugem mais leve e fulgurante do que jamais exibira. Por outro lado, remontando-a depois daquele dia, até o parto súbito e ocorrido sob as circunstâncias mais improváveis, em fevereiro de 1883 – a parte final, a mesma da qual no *prefácio* citei algumas frases, foi acabada justamente nas horas sagradas em que Richard Wagner faleceu em Veneza – assim resultaram dezoito meses de gravidez. Esse número de exatos dezoitos meses poderia sugerir a ideia, ao menos entre budistas, que sou, no fundo, uma fêmea de elefante. – Desse ínterim faz parte a "*gaya scienza*", que possui centenas de indícios da proximidade com algo incomparável; por fim, ela fornece o início do próprio Zaratustra, ela fornece, na penúltima parte do quarto livro, o pensamento fundamental do Zaratustra. – Da mesma maneira, desse ínterim faz parte aquele *hino à vida* (para coro misto e orquestra), cuja partitura fora publicada dois anos antes por E. W. Fritzsch, em Leipzig: um sintoma, talvez não sem importância, do estado desse ano, em que o páthos *par excellence* que diz-Sim, denominado por mim como o páthos trágico, era-me inerente em sumo grau. Algum dia, mais tarde, ele será cantado em minha memória. – O texto, observo explicitamente, já que há em circulação um mal-entendido sobre isso, não é meu: ele é a inspiração espantosa de uma jovem russa, da qual eu era próximo à época, a senhoria Lou von Salomé. Quem consegue de todo extrair um sentido das últimas palavras do poema irá adivinhar por que ele me era dileto e me causou admiração: elas têm grandeza. A dor tem o valor *não* de objeção contra a vida: "Se já não tens mais felicidade para me dar, pois bem! *Ainda tens teu sofrimento...*" Talvez minha música nessa passagem também tenha grandeza (última nota do oboé é dó sustenido, não dó. Erro de impressão). – No inverno seguinte vivi naquela enseada graciosamente quieta de Rapallo, nas cercanias de Genoa, que está encravada entre Chiavari e o cabo de Portofino. Minha saúde não estava das melhores; o inverno, frio e chuvoso além da média; um pequeno albergue, que ficava diretamente à beira do mar, de modo que a maré alta nas madrugadas tornava o sono impossível, oferecia em tudo o contrário do desejável. Apesar disso e quase que para provar minha proposição de que tudo o que é decisivo surge "apesar disso", foi nesse inverno e nessas circunstâncias desfavoráveis que meu Zaratustra surgiu. – Pelas manhãs eu subia na direção sul, pela magnífica rota até Zoagli, até as alturas, passava pelos pinheiros, mirando o mar à distância; de tarde, com a frequência que a saúde mo permitia, contornava toda a enseada de Santa Margherita, descendo até Portofino. Esse lugar e essa paisagem, devido ao grande amor que o inesquecível imperador alemão Frederico III sentia por eles, tocou-me o coração ainda mais intimamente; eu voltei por acaso a essa costa no outono de 1886, quando ele visitou pela última vez esse pequeno mundo esquecido de felicidade. – Nesses dois caminhos ocorreu-me todo o primeiro Zaratustra, sobretudo o próprio Zaratustra, como tipo: mais corretamente, ele *me assaltou*.

2.

Para entender esse tipo, é preciso primeiramente ter claro seu pressuposto fisiológico: este é o que eu chamo de a *grande saúde*. Eu não sei elucidar esse conceito de maneira melhor, *mais pessoal*, do que já fiz em uma seção final do quinto livro de "*gaya scienza*". "Nós, os novos, os sem-nome, os de má compreensão – isso significa o mesmo – nós, nascidos prematuramente de um futuro ainda não provado, nós carecemos, para um novo fim, também de um novo meio, a saber, de uma nova saúde, de uma mais forte, mais ladina, mais tenaz, mais audaciosa, mais alegre do que quaisquer saúdes que tenham até agora havido. A alma daquele que está sequiosa de ter vivenciado toda a extensão dos valores e desejabilidades até aqui e de ter navegado por todas as costas deste "mediterrâneo" ideal, aquele que deseja saber, pela aventura da experiência mais íntima, como se sente um conquistador ou descobridor do ideal, e também um artista, um santo, um legislador, um sábio, um erudito, um devoto, um eremita-divino de estilo antigo: ele tem necessidade de uma coisa antes de tudo: a *grande saúde* – de uma tal que não basta ter, mas também que se adquire e precisa adquirir-se constantemente, porque ela é repetidamente abandonada, precisa ser abandonada... E agora, após termos estado longamente fora, nós, argonautas do ideal, mais corajosos talvez do que é o prudente e frequentemente o bastante naufragados e avariados, mas, como dito, mais saudáveis do que se gostaria de no-lo permitir, perigosamente saudáveis, sempre de novo saudáveis – pode parecer-nos como se, para recompensar isso, tivéssemos diante de nós uma terra ainda não descoberta, cujos limites ninguém ainda divisou, um além de todas as terras e de todos os recantos do ideal existentes até aqui, um mundo tão pródigo do que é belo, alheio, questionável, terrível e divino, que tanto nossa curiosidade como nossa sede de posse perdem o controle de si próprias – ah, que nada mais nos poderá saciar!... Como é que, após tais visões e com tal fome avassaladora no saber e na consciência moral, poderíamos nos satisfazer com o *ser humano contemporâneo*? Tanto pior, mas é inevitável que assistamos a seus objetivos e esperanças mais dignas com uma seriedade que dificilmente se conserva, e talvez sequer assistamos mais a isso... Um outro ideal corre diante de nós, um ideal ímpar, tentador, rico em perigos, para o qual não gostaríamos de persuadir ninguém, porque não concedemos facilmente a ninguém o *direito a ele*: o ideal de um espírito que, ingenuamente, ou seja, sem querer e por uma abundância e pujança transbordantes, brinca com tudo o que até então era sagrado, bom, intocável, divino; para o qual o que é supremo, em que o povo tem com justiça a sua medida de valor, significaria desde já perigo, declínio, degradação ou, ao menos, algo como repouso, cegueira, autoesquecimento temporário; o ideal de um bem-estar e benevolência humano-além do humano, que bem frequentemente parece *desumano*, por exemplo, quando se coloca ao lado de toda a seriedade terrena até aqui, ao lado de toda solenidade em gesto, palavra, tom, olhar, moral e tarefa até aqui, como sua paródia involuntária mais encarnada – e, apesar disso tudo, só com o qual talvez soerga-se *a grande seriedade*, só com o qual se coloque o verdadeiro ponto de interrogação, o destino da alma dê meia volta, o ponteiro ande, a tragédia *se inicie*..."[20].

3.

– Será que alguém, no final do século XIX, tem uma noção clara do que poetas de épocas fortes chamavam de *inspiração*? Se não for o caso, eu o descrevo. – Com um resto por mais ínfimo que seja de superstição em si, dificilmente se saberia, de fato, rejeitar a ideia de ela ser simples encarnação, simples embocadura, simples *medium* de poderes muito potentes. O conceito de revelação, no sentido de que repentinamente, com inefável segurança e fineza, algo se torna *visível*, audível, algo que abala e transtorna alguém no seu mais íntimo, descreve esse estado de fato. Ouve-se, não se busca; toma-se, não se questiona quem dá; como um relâmpago, um pensamento se esclarece, com necessidade, sem vacilar na forma, – eu nunca tive uma escolha. Um êxtase cuja colossal tensão por vezes faz irromper uma corrente de lágrimas, no qual o passo involuntariamente ora apressa-se, ora torna-se lento; um perfeito estar-fora-de si com a mais distinta consciência de um sem-número de finos calafrios e estremecimentos até os dedos do pé; um sorvedou-

20. *A Gaia Ciência*, aforismo 382.

ro de felicidade, no qual o que é mais doloroso e mais sequioso não age como oposição, mas sim como condicionado, como desafiado, mas sim como uma cor *necessária* no interior de uma tal profusão de luz; um instinto de relações rítmicas que se estendem por sobre amplos espaços de formas – a duração, o anseio por um ritmo que é *amplamente estendido* é quase que a medida para o poder da inspiração, uma espécie de compensação contra sua pressão e tensão... Tudo ocorre involuntariamente em sumo grau, mas como numa tormenta de sentimento de liberdade, de incondicionalidade, de potência, de divindade... Essa involuntariedade da imagem, da parábola é o que há de mais notável; não há mais conceito algum do que é imagem, do que é parábola, tudo se oferece como a expressão mais próxima, mais correta, mais simples. Realmente parece, para recordar uma palavra de Zaratustra, como se as próprias coisas se acercassem e se ofertassem para a parábola (– "aqui todas as coisas se aproximam carinhosas do teu discurso e te acariciam: pois elas querem cavalgar em tuas costas. Em toda parábola tu cavalga aqui até toda verdade. Aqui, abrem-se a ti toda palavra do ser e toda arca de palavra; todo ser quer aqui tornar-se palavra, todo devir quer contigo aprender a falar" –). Essa é a *minha* experiência de inspiração; eu não duvido que seja preciso retroceder milênios para encontrar alguém a quem seja permitido dizer "é também a minha". –

4.

Eu fiquei doente em Genoa algumas semanas depois disso. Seguiu-se então uma melancólica primavera em Roma, onde me conformei com a vida – não foi fácil. No fundo, molestava-me incomensuravelmente esse lugar, o mais indecoroso da Terra para o poeta do Zaratustra, o qual eu não havia elegido voluntariamente; eu buscava desvencilhar-me – eu queria ir a *Áquila*, o contraconceito de Roma, fundada por hostilidade contra Roma, assim como eu algum dia fundarei um lugar, a recordação de um ateísta e inimigo da Igreja *comme il faut* [como convém], de uma das pessoas que me são mais próximas, o grande Imperador Friedrich, o Segundo, dos Hohenstaufen. Mas uma fatalidade estava em tudo: eu precisava retornar. Por fim, dei-me por satisfeito com a *piazza Barberini*, após ter-me exaurido em meu esforço por encontrar uma vizinhança *anticristã*. Eu temo ter perguntado em uma ocasião, para tirar-me o máximo possível do caminho alguns maus odores, no *palazzo del Quirinale* se não havia um quarto silencioso para um filósofo. – Em uma *loggia* no topo da mencionada *piazza*, de onde se vê Roma pelo alto e bem abaixo se ouve a *fontana* murmurar, foi composta a canção mais solitária que já foi composta, a *Canção Noturna*; nessa época via-me sempre às voltas com uma melodia de indizível melancolia, cujo refrão reencontrei nas palavras "morto de imortalidade...". No verão, de volta ao local sagrado onde o primeiro relâmpago do pensamento do Zaratustra havia me iluminado, encontrei o segundo Zaratustra. Bastaram-me dez dias; em nenhum caso precisei de mais, nem no primeiro, nem no terceiro e no último. No inverno seguinte, sob o céu alciônico de Nice, que na altura refulgia pela primeira vez em minha vida, encontrei o terceiro Zaratustra – e estava terminado. Não chegou a um ano, tudo somado. Muitas ocultas marcas e alturas da paisagem de Nice foram-me consagradas por instantes inesquecíveis; aquela parte decisiva, que tem o título "De antigas e de novas tábuas", foi composta na penosa subida da estação até aquela maravilhosa toca moura escondida nas montanhas, Eza – a agilidade nos meus músculos sempre foi a maior possível quando a força criativa fluía em sua maior riqueza. O *corpo* está entusiasmado: deixemos a "alma" fora do jogo... Podia-se frequentemente ver-me dançando; eu podia, à época, sem uma noção de cansaço, andar por sete, oito horas nas montanhas. Eu dormia bem, eu ria bastante –, eu era de uma robustez e de uma paciência perfeitas.

5.

Com exceção dessas obras de dez dias, os anos durante e, sobretudo, *após* o Zaratustra foram uma calamidade sem igual. Trata-se de uma expiação por ser precioso, imortal: morre-se por isso muitas vezes numa vida. – Há algo que eu chamo de a *rancune* [rancor] do grande: tudo o que é grande, uma obra, um ato, volta-se sem tardar, uma vez consumado, *contra* aquele que o realizou. Justamente por tê-lo feito, ele está dali em diante *fraco,* – ele não suporta mais o seu ato, ele não mais olha em seu rosto. Ter algo *atrás* de si que nunca foi permitido querer. Algo em que está atado o nó no destino da humanidade – e, dali em diante, tê-lo *sobre* si!... Ele praticamente esmaga... A *rancune* do grande! – Outra coisa é o silêncio circundante de dar calafrios. A solidão tem sete peles; nada mais a atravessa. Vem-se a ter com pessoas, cumprimentam-se amigos: novo ermo, nenhum olhar saúda mais. No melhor dos casos, uma espécie de revolta. Eu tinha a experiência de uma tal revolta, em um grau bem diferente, mas praticamente por qualquer um que ficasse perto de mim; parecia que nada magoava mais profundamente do que deixar perceber de repente uma distância – as naturezas *nobres*, que não sabem viver sem honrar, são raras. – Uma terceira coisa é a absurda suscetibilidade da pele a pequenas picadas, uma espécie de inoperância diante de tudo o que é pequeno. Essa me parece condicionada pelo colossal dispêndio de todas as forças defensivas que qualquer ato *criador*, qualquer ato emanado do que é mais próprio, mais íntimo, mais ínfimo, tem como pressuposição. As *pequenas* capacidades defensivas ficam com isso como que expostas; não aflui mais força alguma a elas. – Eu ouso ainda insinuar que se digere pior, que se move de malgrado, fica-se completamente franqueado à sensação de friagem, e também à desconfiança, – à desconfiança, que, em muitos casos, é meramente um desacerto etiológico. Em um tal estado, senti uma vez a proximidade de um rebanho de vacas, pelo regresso de pensamentos mais amenos, mais filantrópicos, antes mesmo que eu as tenha visto: *isso* tem calor em si...

6.

Essa obra ocupa um posto completamente próprio. Deixemos de lado os poetas: talvez absolutamente nunca algo tenha sido feito a partir de uma idêntica profusão de força. Meu conceito "dionisíaco" tornou-se aqui *ato supremo*; medido por ele, todo o resto do agir humano parece como pobre e condicionado. Que um Goethe, um Shakespeare não saberia respirar, nem por um instante, nesta paixão e altura colossais, que Dante, colocado contra Zaratustra, é meramente um crente e não alguém que primeiramente *cria* a verdade, um espírito que *rege o mundo*, um destino –, que os poetas do Veda sejam sacerdotes e nem sequer dignos de chegar às solas do sapato de um Zaratustra, isso tudo é o mais ínfimo e não dá nenhuma noção da distância, da solidão *cerúlea* na qual vive essa obra. Zaratustra tem um direito eterno de dizer: "eu encerro círculos em meu entorno e sagrados limites; sempre mais raros são os que comigo sobem montanhas sempre mais altas, – eu construo uma cordilheira de montanhas sempre mais sagradas". Juntando--se o espírito e os bens de todas as grandes almas em uma só coisa: tudo em conjunto não estaria em condições de produzir um único discurso do Zaratustra. É colossal a escala em que ele sobe e desce; ele viu mais além, ele quis mais além, ele *pôde* mais além do que um ser humano qualquer. Ele contradiz com cada palavra, esse que é, dos espíritos, o que mais fala-Sim; nele todas as oposições são ligadas em uma nova unidade. As forças mais elevadas e as mais baixas da natureza humana, o que é mais doce, mais frívolo e mais terrível flui, a partir de um único manancial, em todas as direções, com segurança imortal. Não se sabe até então o que é altura, o que é profundidade; sabe-se menos ainda o que é verdade. Não há nenhum instante nessa revelação da verdade que já tivesse sido antecipado, adivinhado por algum dos maiores. Não há nenhuma sabedoria, nenhuma perscrutação de almas, nenhuma arte de falar antes de Zaratustra; o que é mais próximo, o que é mais cotidiano fala aqui de coisas inauditas. A sentença fremente de paixão; a eloquência tornada música; relâmpagos que causam calafrio antecipadores de futuros até então não concebíveis. A força mais poderosa para a parábola que até então houvera é pobre e um joguete diante desse regresso da linguagem à natureza do imagético. – E como Zaratustra se rebaixa e a cada um diz o que há de mais benigno! Como ele próprio toca, com mãos sutis, seus antagonistas, os sacerdotes, e sofre com eles por eles! – Aqui, em todo instante, o ser humano é superado, o conceito de "além-do-humano" tornou-se aqui realidade suprema, – tudo aquilo que até então se denominava grande no ser humano está, em uma distância infinita, *abaixo* dele. O alciônico, os pés ligeiros, a ubiquidade de malícia e petulância, e tudo o mais que é típico para o tipo Zaratustra, nunca foi sonhado como essencial para a grandeza. Precisamente nessa extensão no espaço, nessa disponibilidade para o que é contraposto, Zaratustra se sente como a *espécie suprema de todo o ente*; e quando se ouvir como ele define isso, será renunciada à busca por seu símile.

> – A alma que tem a escala mais ampla e que mais profundamente pode descer,
>
> a alma mais extensa, que mais amplamente em si pode correr e extraviar e errar,
>
> a alma mais necessária, que tomba com prazer no acaso,
>
> a alma que é, que imerge ao devir, a alma que tem, que *quer* ir ao querer e exigir –
>
> a que se evade de si mesma, a que alcança a si mesma nos mais amplos círculos,
>
> a alma mais sábia, à qual a estultice aborda com mais doçura,
>
> a que mais ama a si mesma, na qual todas as coisas têm seu fluir e refluir e vazante e enchente –

Mas este é o conceito do próprio Dionísio. – Precisamente a isso conduz uma outra ponderação. O problema psicológico no tipo do Zaratustra é, como aquele que em um grau inaudito fala Não, *faz* Não a tudo a que até então já foi dito Sim, poder ser, não obstante, o oposto de um espírito que diz Não; como aquele espírito que traz em si o que há de mais pesado do destino, uma fatalidade de tarefa, pode ser, apesar disso, o mais leve e o mais para além – Zaratustra é um dançarino –; como aquele que tem o discernimento da realidade mais duro, mais terrível, que pensou os "pensamentos mais abismais", não encontra, apesar disso, nenhuma objeção contra a existência, mesmo contra seu eterno retorno, – mas, antes, um fundamento adicional para *ser ele próprio* o Sim eterno a todas as coisas, "o colossal ilimitado dizer Sim e amém"... "Em todos os abismos, porto ainda meu abençoado dizer-Sim"... *Mas esse é mais uma vez o conceito do Dionísio.*

7.

– Qual língua falará um tal espírito, quando fala a sós consigo mesmo? A língua do *ditirambo.* Eu sou o inventor do ditirambo. Escuta-se como Zaratustra *antes do nascer do sol* (III, 18) fala consigo próprio: uma tal felicidade esmeraldina, uma tal ternura divina não havia ainda dito uma palavra antes de mim. Também a mais profunda melancolia de um tal Dionísio torna-se ditirambo; eu tomo, como indício, a *Canção Noturna*, a lamentação imortal de, pela abundância de luz e poder, pela sua natureza de *sol*, ser condenado a não amar.

> É noite: agora falam mais alto todas as fontes fervilhantes. E também minha alma é uma fonte fervilhante.
>
> É noite: só agora despertam-se todas as canções dos amantes, e também minha alma é a canção de um amante.
>
> Algo insaciado, insaciável está em mim, e quer se fazer ouvir. Um desejo por amor está em mim, e ele próprio fala a linguagem do amor.
>
> Eu sou luz: ah, fosse eu trevas! Mas a minha solidão é esta, estou cingido de luz.
>
> Ah, fosse eu obscuridade e noturno! Como sorveria nos seios da luz!
>
> E como eu vos bendiria, pequenas estrelas cintilantes e vaga-lumes lá do alto! – e que seja bem-aventurada a luz com que me presenteais!
>
> Mas vivo encerrado em minha própria luz, eu reabsorvo as flamas que irrompem de mim.
>
> Eu não conheço a felicidade daquele que toma; e muitas vezes sonhei que o roubar haveria de ser mais bem-aventurado que o tomar.
>
> Minha pobreza é isto: que minha mão nunca descansa de ofertar; minha inveja é isto: que vejo olhos ávidos, e as noites iluminadas de desejo.
>
> Ó mal-aventurança de todos os que ofertam! Ó penumbras do meu sol! Ó desejo por desejar! Ó fome devoradora na saciedade!
>
> Eles tomam de mim: mas mesmo assim toco sua alma?

Há um abismo entre o tomar e o dar; e o abismo mais estreito é o último a ser ultrapassado.

Uma fome cresce de minha beleza; eu gostaria de fazer sofrer aqueles que eu ilumino, gostaria de despojar aqueles a quem ofertei, – assim tenho fome de maldade.

Retraindo a mão quando se lhes estende a mão; feito a cascata que ainda hesita na queda: assim tenho fome de maldade.

Tal vingança excogita minha abundância, tal insídia jorra da minha solidão.

Minha felicidade no ofertar morre no ofertar, minha virtude se cansou-se de si própria em sua abundância!

Quem sempre oferta corre o perigo de perder a vergonha; quem sempre partilha tem na mão e no coração calos de puro partilhar.

Meus olhos não mais desbordam diante da vergonha dos pedintes; minha mão tornou-se muito dura para o tiritar de mãos cheias.

O que ocorreu com a lágrima de meus olhos e o aveludado de meu coração? Ó solidão dos ofertantes! Ó mutismo de tudo o que reluz!

Muitos sóis gravitam no espaço ermo; a tudo o que é escuro eles falam com sua luz – a mim, eles se calam.

Ó, tal é a inimizade da luz para com tudo o que reluz: impiedosamente segue em sua trajetória.

Injustos no fundo do coração para com tudo o que reluz, frios para com sóis – assim continua todo sol.

Iguais a uma tempestade, os sóis continuam em suas trajetórias, eles seguem sua vontade inexorável, essa é a sua frieza.

Ó só vós, os sombrios, os noturnos, que retirais do que reluz o vosso calor! Ó só vós bebeis vosso leite e refresco nos úberes da luz!

> Ah, há gelo à minha volta, minha mão se queima ao contato do gelo! Ah, há sede em mim, sequiosa de vossa sede.
>
> É noite: ah, que eu hei de ser luz! E sede pelo noturno! E solidão!
>
> É noite: agora minha ânsia jorra de mim feito um manancial, – anseia-me por discurso.
>
> É noite: agora falam mais alto todas as fontes fervilhantes. E também minha alma é uma fonte fervilhante.
>
> É noite: agora despertam-se todas as canções dos amantes. E também minha alma é a canção de um amante. –[21]

8.

Algo parecido não fora nunca composto, nunca sentido, nunca *sofrido*: assim sofre um Deus, um Dionísio. A resposta a um tal ditirambo do isolamento do sol na luz seria Ariadne... Quem sabe, além de mim, o que é Ariadne!... De todos esses enigmas ninguém até então tivera a solução, eu duvido que alguém tenha sequer visto também aqui um enigma. – Zaratustra determina de uma vez, com rigor, sua tarefa – ela é também a minha – de que não é possível equivocar-se sobre o *sentido*: ele *diz-Sim* até chegar à justificação, até chegar à redenção também de tudo o que é passado.

> Eu perambulo por entre os seres humanos como por entre fragmentos do futuro; daquele futuro que miro.
>
> E meus esforços são estes: que eu componha e reúna, em uma só coisa, o que é fragmento e enigma e atroz acaso.
>
> E como haveria eu de suportar ser humano, se o ser humano não fosse também poeta e decifrador de enigmas e redentor do acaso?

21. *Zaratustra*, II, "O canto noturno".

> *Redimir os que se passaram* e transcriar[22] todo "foi" em um "assim eu o quis"! – só isto é redenção para mim.[23]

Em uma outra passagem ele determina tão rigorosamente quanto possível o que, para ele, o "ser humano" unicamente pode ser – *nenhum* objeto do amor ou mesmo da compaixão – também do *grande asco* pelo ser humano Zaratustra assenhoreou-se: o ser humano lhe é algo sem forma, um material, uma pedra feia que carece de um escultor.

> Não-*querer*-mais, não-*estimar*-mais e não-*criar*-mais: ah, que essa grande fadiga permaneça sempre longe de mim!
>
> Também no conhecer sinto apenas o prazer da minha vontade de devir e de gerar; e, se há inocência em meu conhecimento, isso se dá porque há nele *vontade de geração*.
>
> Para longe de Deus e de deuses atraiu-me essa vontade: o que haveria então para criar, se houvesse – deuses?
>
> Mas para o ser humano ela me impele sempre de novo, minha ardente vontade-de-criar; assim o martelo é impelido para a pedra.
>
> Ah, vós, seres humanos, na pedra dorme para mim uma imagem, a imagem das imagens! Ó, que tenha de dormir na pedra mais dura, mais feia!
>
> *Agora meu martelo enfurece cruelmente contra sua prisão*. Da pedra voam lascas e poeira: mas que me importa!
>
> Quero consumá-lo, pois uma sombra veio até mim, – o que é mais silencioso e leve em todas as coisas veio então até mim!

---

22. *Umschaffen*. "Criar de novo, de outra forma". Para a explicação da opção de tradução em função do prefixo "*um-*", cf. nota 14 acima.

23. *Zaratustra*, II. "Da redenção".

> A beleza do além-do-humano veio até mim como sombra: que me interessam ainda – os deuses!...[24]

Eu ressalto um último ponto de vista: o verso em destaque dá o ensejo para tanto. De uma tarefa *dionisíaca* faz parte, como uma das precondições decisivas, a dureza do martelo, o *próprio prazer na aniquilação.* O imperativo "tornai-vos duros!", a certeza mais ínfima de que *são duros todos os que criam*, é a verdadeira insígnia de uma natureza dionisíaca. –

24. *Zaratustra*, II. "Nas ilhas bem-aventuradas".

PARA ALÉM DO BEM E DO MAL

PRELÚDIO DE UMA FILOSOFIA DO FUTURO

1.

A tarefa para os anos que se seguiram foi traçada tão rigorosamente quanto possível. Após a parte que diz-Sim da minha tarefa ter sido resolvida, veio na sequência a sua metade que diz--Não, que *faz-Não*: a transvaloração dos próprios valores até então, a grande guerra, – a provocação de um dia da decisão. Aqui está incluído o lento olhar ao redor buscando por aparentados, por tais que, pela sua força, oferecer-me-iam a mão *para a aniquilação.* – Desde então todos os meus escritos são anzóis: talvez eu entenda de anzol tão bem quanto os outros?... Se nada *fisgou*, então a culpa não é minha. *Faltavam os peixes...*

2.

Esse livro (1886) é essencialmente uma *crítica da modernidade*, não excluídas as ciências modernas, as artes modernas, mesmo a política moderna, ao lado de indicações a um tipo-oposto, que é tão pouco moderno quanto possível, um tipo nobre, um tipo que diz-Sim. No último sentido, o livro é uma *escola do gentilhomme* [gentil-homem], o conceito é tomado de modo mais espiritual *e mais radical* do que jamais fora antes tomado. É preciso ter coragem no corpo para sequer suportá-lo, é preciso não ter aprendido o temer... Todas as coisas das quais a atual época se orgulha são sentidas como contradição a esse tipo, quase como más maneiras, a célebre "objetividade", por exemplo, a "compassividade com todos que sofrem", o "sentido histórico" com sua subserviência diante de um gosto alheio, com seu ficar-de-joelhos diante de *pe-*

tits faits [pequenos fatos], a "cientificidade". – Se se considera que o livro vem *após* o Zaratustra, adivinha-se então, talvez, também o *régime* [regime] dietético ao qual ele deve seu surgimento. O olho, mimado por um colossal constrangimento para ver *longe* – Zaratustra vê ainda mais amplamente do que o Czar –, é aqui coagido a apanhar incisivamente o que é mais próximo, o tempo, o que está *em torno-de-nós*. Em todas as partes, sobretudo na forma, será encontrada uma semelhante renúncia *arbitrária* aos instintos a partir dos quais um Zaratustra tornou-se possível. O refinamento na forma, no propósito, na arte do *silenciar*, está no primeiro plano, a psicologia torna-se manejável com dureza e crueldade admitidas, – o livro prescinde de toda palavra bondosa... Tudo isso faz repousar: quem, por fim, adivinha qual espécie de repouso torna necessária uma tal dissipação de bondade como é o Zaratustra?... Dito em termos teológicos – que se escute, pois eu falo menos do que os teólogos – foi o próprio Deus que, ao término de seu dia de trabalho, estava, como serpente, sob a árvore do conhecimento: ele repousava assim de ser Deus... Ele havia feito tudo tão belamente... O diabo é apenas a ociosidade de Deus a cada sete dias...

GENEALOGIA DA MORAL

UM ESCRITO POLÊMICO

Os três tratados dos quais essa Genealogia é composta são talvez, com vistas a expressão, propósito e arte do espanto, o que de mais tétrico havia sido até então escrito. Dionísio é, isso é sabido, também o Deus das trevas. – Sempre um início que *deve* transviar, gelidamente, cientificamente, mesmo ironicamente, intencionalmente em primeiro plano, intencionalmente dilatório. Paulatinamente mais inquietação; lampejos isolados; verdades muito desagradáveis vindas de longe e ganhando voz com abafados estampidos – até finalmente ser atingido um *tempo feroce* [ritmo feroz], em que tudo avança com colossal tensão. Ao final, sob detonações absolutamente lúgubres, sempre visível uma *nova* verdade por entre espessas nuvens. – A verdade do *primeiro* tratado é a psicologia do cristianismo: o nascimento do cristianismo a partir do espírito do ressentimento, e *não*, como bem se crê, a partir do "espírito", – um contramovimento segundo sua essência, a grande insurreição contra o domínio de valores *nobres*. O *segundo* tratado fornece a psicologia da *consciência moral*: esta *não* é, como bem se crê, "a voz de Deus no ser humano", – trata-se do instinto da crueldade que se volta para trás, após não ter podido mais pôr um fardo para fora. A crueldade como um dos subsolos da cultura mais antigos e dos quais não se pode abstrair é, aqui, trazido à luz pela primeira vez. O *terceiro* tratado fornece uma resposta à questão sobre de onde provém a colossal *potência* do ideal ascético, do ideal-de-sacerdote, embora o mesmo seja o ideal *prejudicial par excellence*, uma vontade de fim, um ideal-de-*décadence*. Resposta: *não* por Deus estar atuante por detrás dos sacerdotes, o que bem se crê, mas, *faute de mieux* [na falta de algo melhor], – por ser o único ideal até então, por não ter tido concorrentes. "Pois o ser humano prefere querer o nada a *não* querer"... Sobretudo, faltava um *contra-ideal – até o Zaratustra*. – Fui compreendido. Três importantes trabalhos preparatórios de um psicólogo para uma transvaloração de todos os valores. – Esse livro contém a primeira psicologia do sacerdote.

CREPÚSCULO DOS ÍDOLOS

COMO SE FILOSOFA COM O MARTELO

1.

Esse escrito de menos de 150 páginas, jovial e fatídico no tom, um demônio que ri –, a obra de tão poucos dias que até hesito em mencionar seu número, é de todo uma exceção entre os livros: não há nada de mais substancioso, de mais independente, de mais atordoante – de mais maligno. Se se deseja dar brevemente uma ideia de como tudo estava de ponta-cabeça antes de mim, inicie-se então por esse escrito. O que no título se denomina *ídolos* é simplesmente o que fora até então chamado de verdade. *Crepúsculo dos Ídolos* – dito claramente: dá-se cabo da antiga verdade...

2.

Não há nenhuma realidade, nenhuma "idealidade" que não seja tocada nesse escrito (– tocada: mas que eufemismo cauteloso!...). Não apenas os ídolos *eternos*, também os mais jovens, por conseguinte também os mais decrépitos. As "ideias modernas", por exemplo. Um forte vento sopra por entre as árvores, e por todos os lados caem frutos – verdades. Há aqui o desperdício de um outono demasiado prolífico: tropeça-se em verdades, encontram-se até mesmo algumas já mortas, – há muitas delas... O que se recebe nas mãos, contudo, é algo não mais questionável, são decisões. Eu sou o primeiro a ter à mão o padrão para "verdades", eu sou o primeiro que *posso* decidir. Como se em mim tivesse crescido uma *segunda consciência*, como se em mim "a vontade" tivesse acendido uma luz sobre a via *tortuosa* na qual eu até então descia... A via *tortuosa* – ela era denominada o caminho à "verdade"... Terminou-se com todo "ímpeto obscuro", o *bom* ser humano era justamente o que menos consciência tinha do caminho correto... E, com toda a seriedade, ninguém antes de mim sabia do caminho correto, do caminho *para cima*: só a partir de mim há novamente esperanças, tarefas, caminhos da cultura a serem prescritos – *eu sou seu gaio mensageiro*... Justamente por isso sou também um destino. –

3.

Imediatamente após o término da obra recém-mencionada e sem perder um único dia, ataquei a colossal tarefa da *transvaloração*, num sentimento soberano de orgulho ao qual nada se equipara, a cada instante certo de minha imortalidade e encravando signo após signo, com a segurança de um destino, em tábuas brônzeas. O prefácio surgiu em 3 de setembro de 1888: quando, pela manhã, após tê-lo redigido, fui tomar um ar, encontrei diante mim o dia mais lindo que a Alta Engadina jamais me houvera mostrado – translucido, abrasante nas cores, encerrando em si todas as oposições, todos os meios-termos entre gelo e sul. – Só em 20 de setembro deixei Sils-Maria, retido por inundações, sendo, por fim, de longe o único hóspede desse lugar maravilhoso, ao qual quero regalar minha gratidão como o presente de um nome imortal. Após uma viagem com imprevistos, até mesmo com risco de vida, inundada, a que só alcancei no meio da madrugada, cheguei na tarde do dia 21 em Turim, o meu lugar *comprovado*, minha residência dali em diante. Eu peguei a mesma habitação que tivera na primavera, via Carlo Alberto 6, III, na frente do poderoso palazzo Carignano, no qual Vittorio Emanuele nasceu, com uma vista para a piazza Carlo Alberto e, além, para as colinas. Sem tardar e sem perder um instante, voltei ao trabalho: faltava apenas dar cabo no último quarto da obra. Em 30 de setembro, grande triunfo; término da transvaloração; ócio de um Deus ao longo do Pó. No mesmo dia escrevi ainda o *prefácio* ao "Crepúsculo dos Ídolos", a correção de suas provas fora meu repouso em setembro. – Eu nunca vivi um outono assim, tampouco algo da espécie foi alguma vez considerado possível sobre a Terra, – um Claude Lorrain pensado infinitamente, cada dia de idêntica imoderada perfeição. –

O CASO WAGNER

1.

Para fazer justiça a esse escrito, é preciso sofrer com o destino da música como se fosse uma ferida aberta. – *Com que* eu sofro, quando sofro com o destino da música? Com o fato de que a música foi subtraída de seu caráter transfigurador de mundo, que diz-Sim, – com o fato de que ela é a música de *décadence* e não mais a flauta de Dionísio... Se se supõe, contudo, que, dessa maneira, a causa da música seja sentida como se fosse sua *própria* causa, como sua *própria* história de sofrimento, então esse escrito pode ser considerado cheio de escrúpulos e desmesuradamente ameno. Em tais casos, ser jovial e bonachão com escárnio – *ridendo dicere severum* [dizer coisas severas rindo], em que o *verum dicere* [dizer a verdade] justificaria toda dureza – é a própria humanidade. Quem propriamente duvida de que eu, sendo o velho artilheiro que sou, tenho o poder de colocar meu *pesado* canhão em posição de tiro contra Wagner? – Eu guardei para mim tudo o que é decisivo nesse caso, – eu amei Wagner. – Por fim, um ataque a um "desconhecido" mais fino, difícil de ser adivinhado por outrem, repousa no sentido e caminho de minha tarefa – ah, eu ainda tenho de revelar outros "desconhecidos" bem diferentes de um Cagliostro da música – mais ainda, certamente, um ataque à nação alemã, que se torna sempre mais indolente e mais pobre de instinto em coisas do espírito, sempre mais *honrada*, a qual continua, com um apetite invejável, a nutrir-se de oposições e a engolir, sem transtornos digestivos, "a fé" bem como a cientificidade, o "amor cristão" bem como o antissemitismo, a vontade de potência (de "império") bem como o *évangile des humbles* [evangelho dos humildes]... Essa falta de partido entre oposições! Essa neutralidade estomacal e "abnegação"! Esse justo sentido do *paladar* alemão, que a tudo dá direitos iguais, – que acha tudo saboroso... Sem dúvida alguma, os alemães são idealistas... Quando visitei a Alemanha pela última vez, encontrei o gosto alemão esforçando-se em conceder direitos iguais a Wagner e ao trompetista de Säckingen; eu mesmo fui *propriamente* testemunha de como, em Leipzig, à honra de um dos músicos mais genuínos e mais alemães, no sentido antigo da palavra alemão, não um mero alemão do império, o mestre *Heinrich Schütz*, foi fundada uma Associação Liszt, com a finalidade de cuidar e divulgar música *ardilosa* de Igreja... Sem qualquer dúvida, os alemães são idealistas...

2.

Mas aqui nada deve me impedir de ser indelicado e dizer algumas verdades duras aos alemães: *quem mais o faria*? – Eu falo aqui de sua impudicícia *in historicis* [em temas históricos]. Não apenas que os historiadores alemães perderam completamente a mão para o *grande olhar* para o curso, para os valores da cultura, que eles são, todos, arlequins da política (ou da Igreja): esse grande olhar foi até *eliminado* por eles. É preciso primeiramente ser "alemão", ser "raça", então se pode decidir sobre todos os valores e não valores *in historicis* – eles são fixados... "Alemão" é um argumento, "*Deutschland, Deutschland über Alles*" [Alemanha, Alemanha acima de tudo] um princípio, os germânicos são a "ordem moral do mundo" na história; em relação ao *imperium romanum* [Império Romano] são os portadores da liberdade, em relação ao século XVIII são os que restauraram a moral, o "imperativo categórico"... Há uma historiográfica do Império Alemão, há, receio, até mesmo uma antissemita, – há uma historiografia *palaciana* e senhor Von Treitschke não se embaraça... Recentemente um juízo idiota *in historicis*, uma frase do, por sorte, já falecido esteta suábio Vischer, rondou os jornais alemães como uma "verdade", à qual todo alemão *precisaria dizer-Sim*: "A Renascença *e* a Reforma, só ambas conjuntamente fazem um todo – o renascimento estético *e* o renascimento moral." – Com tais frases eu perco minha paciência, e eu sinto prazer, eu sinto mesmo como dever dizer de uma vez aos alemães toda responsabilidade de que eles já carregam na consciência. *Eles carregam a responsabilidade na consciência por todos os grandes crimes culturais de quatro séculos!...* E sempre pela mesma razão, por sua mais arraigada *covardia* diante da realidade, que é também a covardia diante da verdade, por sua inveracidade que neles tornou-se instinto, por "idealismo"... Os alemães espoliaram a Europa da colheita, do sentido da última *grande* época, a época da Renascença, no instante em que a ordem superior dos valores, em que os valores nobres, que dizem-Sim à vida, que afiançam o futuro, lograram, na sede dos contrapostos, dos *valores de queda*, triunfar – *e chegando até os instintos dos que lá estavam sediados*! Lutero, esse monge fatídico, restaurou a Igreja e, o que é mil vezes pior, o cristianismo, no momento *em que ele era derrotado*... O cristianismo, essa religião que se tornou *negação da vontade de vida*!... Lutero, um monge impossível, que, em razão de sua "impossibilidade", atacou a Igreja e – por conseguinte! – a restaurou... Os católicos teriam razões para festejar os festivais a Lutero, compor peças a Lutero... Lutero – e o "renascimento moral"! Ao diabo com toda psicologia! – Sem dúvida, os alemães são idealistas. – Por duas vezes, justamente quando, com bravura e autossuperação colossais, foi atingido um modo de pensar íntegro, inequívoco, inteiramente científico, os alemães tinham consciência de ter encontrado caminhos secretos para o antigo "ideal", reconciliações entre verdade e "ideal", no fundo, fórmulas para um direito à rejeição da ciência, para um direito à *mentira*. Leibniz e Kant – esses dois freios supremos da integridade da Europa! – Quando, na passagem entre dois séculos de *décadence*, uma *force majeure* [força maior] de gênio e vontade tornou-se visível, de modo forte o suficiente para criar a partir da Europa uma unidade, uma unidade política *e econômica*, com a finalidade de governar a Terra, os alemães espoliaram, com suas "guerra de liberdade", a Europa do sentido, da maravilha de sentido na existência de Napoleão, – eles carregam com isso a responsabilidade na consciência por tudo o que se deu, por tudo o que hoje existe, essa enfermidade e irracionalidade *mais contrárias* possíveis à cultura, o nacionalismo, essa *névrose nationale* [neurose nacional] da qual a Europa está enferma, essa eternização dos particularismos de pequenos Estados da Europa, essa eternização da *pequena* política: eles espoliaram a própria Europa de seu sentido, de sua *razão* – eles a levaram para um beco sem saída. – Alguém conhece, além de mim, um *caminho* para sair desse beco sem saída?... Uma tarefa grande o suficiente para *vincular* novamente os povos?...

3.

– E, por fim, por que não devo dar voz à minha suspeita? Os alemães, também no meu caso, irão novamente tentar de tudo para fazer um destino colossal parir um rato. Para mim, eles já estão comprometidos, eu duvido que algo melhore no futuro. – Ah, como me custa aqui não ser um *mau* profeta!... Meus leitores e ouvintes naturais já são atualmente russos, escandinavos e franceses, – eles o serão ainda mais? – Na história do conhecimento, os alemães estão registrados com nomes francamente dúbios, eles sempre produziram apenas contrafatores "inconscientes" (– esse termo convém a Fichte, Schelling, Schopenhauer, Hegel, Schleiermacher, bem como a Kant e Leibniz, todos são meros fazedores de névoa[25] –): eles não devem nunca ter a honra de que ao espírito alemão seja somado o primeiro espírito *íntegro* na história do espírito, o espírito no qual a verdade vem a tribunal pela contrafação de quatro milênios. O "espírito alemão" é *meu* ar ruim: eu respiro com dificuldade na proximidade dessa insalubridade, tornada instinto, *in psychologicis* [em temas psicológicos] que se denuncia em toda palavra, todo gesto de um alemão. Eles nunca passaram por um século XVII de duro autoexame como os franceses, um La Rochefoucauld, um Descartes sobrepuja em integridade por centena de vezes os primeiros alemães, – eles não tiveram até hoje nenhum psicólogo. Psicologia, porém, é como que o critério da *pureza* ou *impureza* de uma raça... E não sendo nem sequer puro, como se deveria ter *profundidade*? No alemão, quase como ocorre com as mulheres, não se chega nunca ao fundamento, *ele não tem nenhum*: isso é tudo. Mas com isso ainda não se é sequer raso. – O que se chama de "profundo" na Alemanha é exatamente esse instinto de insalubridade contra si, do qual falo agora: não se *quer* pôr-se às claras sobre si. Não me seria permitido propor a palavra "alemão" como moeda internacional para *essa* depravação psicológica? – Neste instante, por exemplo, o imperador alemão chama de seu "dever cristão" libertar os escravos na África: entre nós, *outros* Europeus, isso significa meramente "alemão"... Os alemães produziram um livro sequer que tivesse profundidade? Mesmo o conceito para o que

---

25. Nietzsche faz aqui um trocadilho com o sobrenome de Friedrich Schleiermacher. Em alemão, "*Schleier*" significa "névoa", "véu", e "*macher*" significa algo como "fazedor de", derivado do verbo "*machen*": fazer.

é profundo em um livro passa-lhes batido. Eu conheci eruditos que consideravam Kant profundo; na corte prussiana, receio, considera-se o senhor von Treitschke profundo. E se eventualmente exalto Stendhal como um psicólogo profundo, ocorreu-me com professores universitários alemães que eles me pedissem para eu soletrar o nome...

4.

– E por que eu não devo ir até o fim? Eu amo fazer tábula rasa. Faz mesmo parte da minha ambição ser considerado como depreciador dos alemães *par excellence*. Minha *desconfiança* em relação ao caráter alemão eu já expressei com meus vinte e seis anos (Terceira Extemporânea) – os alemães são para mim impossíveis. Quando concebo uma espécie de ser humano que vai de encontro a todos os meus instintos, surge daí sempre um alemão. A primeira coisa pela qual "sondo as entranhas" em um ser humano é se ele tem, no corpo, um sentimento pela distância, se ele em geral vê hierarquia, grau, ordenação entre um ser humano e outro ser humano, se ele *distingue*: tendo-se isso, é-se *gentilhomme*; em qualquer outro caso, faz-se parte irremediavelmente dos generosos, ah! que conceito bondoso da *canaille*. Mas os alemães são *canaille* – ah! eles são tão bondosos... Rebaixa-se quem tem contato com os alemães: o alemão *nivela*... Descontando meu contato com alguns artistas, sobretudo com Richard Wagner, eu nunca passei nem uma boa hora sequer com alemães... Dado que surja entre os alemães o espírito mais profundo de todos os milênios, alguma salvadora do capitólio presumiria que sua alma assaz não bela seria ao menos levada igualmente em consideração... Eu não suporto essa raça, com a qual se está sempre em má companhia, que não tem dedos para *nuances* – ai de mim! eu sou um *nuance* –, que não tem *esprit* nos pés e sequer pode andar... Os alemães, por fim, sequer têm pés, eles têm apenas pernas... Aos alemães passa batido qualquer noção do quão sórdidos eles são, mas se trata do superlativo da sordidez, – eles sequer se *envergonham* de tão somente serem alemães... Eles querem meter-se em todas as conversas, eles se tomam por decisivos, eu receio que eles tenham decidido algo até sobre mim... – Toda minha vida é a prova *de rigueur* [rigor] para essas proposições. Inutilmente busco neles um sinal de tato, de *délicatesse* [delicadeza] para comigo. Nos judeus, sim, ainda não nos alemães. É do meu jeito ser manso e benevolente com qualquer um – eu tenho um *direito* de não fazer diferenciações –: isso não impede que eu tenha os olhos abertos. Eu não excluo ninguém, menos ainda meus amigos. – Eu espero, por fim, que isso não tenha prejudicado minha humanidade para com eles! Há cinco, seis coisas das quais sempre fiz minhas questões de honra. – Apesar disso, continua sendo verdade que sinto como um cinismo quase toda carta que recebo faz anos: há mais cinismo na benevolência comigo do que em algum ódio qualquer... Eu digo na cara de qualquer amigo meu que ele nunca achou que valesse suficientemente a pena o esforço de *estudar* qualquer um dos meus escritos; eu adivinho, nos menores sinais, que eles sequer sabem o que está contido neles. No que diz respeito ao meu Zaratustra, quem de meus amigos teria visto nele mais do que uma pretensão ilegítima, com sorte perfeitamente indiferente?... Dez anos: e ninguém na Alemanha sentiu-se obrigado pela consciência a defender meu nome contra o absurdo silêncio sob o qual ele jazia enterrado: um estrangeiro, foi um dinamarquês, quem primeiramente teve suficiente fineza do instinto *e coragem* para tanto, que se indignou com meus pretensos amigos... Em qual universidade alemã seria hoje possível uma disciplina sobre minha filosofia, como foi oferecida, no início da última primavera em Copenhagen, pelo Dr. Georg Brandes, mais uma vez com isso um comprovado psicólogo? – Eu mesmo nunca sofri com tudo isso; o *necessário* não me fere; *amor fati* é minha natureza mais íntima. Isso, contudo, não exclui o fato de eu amar a ironia, até mesmo a ironia histórica mundial. E assim, mais ou menos dois anos antes do fulminante raio da *transvaloração* que colocará a Terra em convulsões, lancei o "Caso Wagner" ao mundo: os alemães deviam mais uma vez assaltar-me imortalmente e *eternizar-se*! Ainda há tempo! – Isso foi alcançado? – Extasiem-se, meus senhores germânicos! Eu lhes concedo a vênia... Agora há pouco me escreveu, para que tampouco aqui faltem os amigos, uma antiga amiga, ela atualmente *ri* de mim... E isso num instante em que uma inefável responsabilidade repousa sobre mim, – em que, contra mim, nenhuma palavra pode ser suficientemente delicada, nenhum olhar, suficientemente reverencioso. Pois eu carrego o destino da humanidade em meus ombros. –

POR QUE EU SOU UM DESTINO

1.

Eu conheço meu fado. Algum dia, a lembrança de meu nome será ligada a algo colossal, – a uma crise como nunca houve na Terra, à mais profunda colisão da consciência, a uma decisão conjurada *contra* tudo o que até então fora crido, exigido, santificado. Eu não sou um ser humano, eu sou um dinamite. – E com isso tudo não há nada em mim de um fundador de religião – religiões são assuntos da plebe, eu tenho necessidade de lavar-me as mãos após o contato com seres humanos religiosos... Eu não *quero* "crentes", eu penso que sou muito maligno para crer em mim mesmo, eu nunca falo para as massas... Eu tenho um medo terrível de ser um dia declarado *santo*: pode-se adivinhar por que eu edito este livro *antes disso*, ele deve prevenir que se façam disparates comigo... Eu não quero ser um santo, eu prefiro mesmo ser um arlequim... Talvez eu seja um arlequim... E apesar disso ou, melhor, *não* apesar disso – pois nunca houve nada mais mendaz até aqui do que santos –, a partir de mim fala a verdade. – Mas minha verdade é *terrível*: pois até aqui a *mentira* foi chamada de verdade. – *Transvaloração de todos os valores*: esta é minha fórmula para um ato da suprema tomada de consciência da humanidade, que em mim se tornou carne e gênio. Meu fado quer que eu tenha de ser o primeiro ser humano *decoroso*, que eu me saiba em oposição à mendacidade de milênios... Só eu *descobri* a verdade, ao primeiramente sentir a mentira como mentira – *farejei*... Meu gênio está em minhas narinas... Eu contradigo como nunca foi contradito e, apesar disso, sou a oposição de um espírito que fala-Não. Eu sou um *mensageiro das boas-novas*, como ninguém antes eu conheço tarefas de uma tal altura que faltou até aqui um conceito para tanto; só a partir de mim há novamente esperanças. Com tudo isso, eu sou necessariamente também o ser humano da fatalidade. Pois, quando a verdade entrar em conflito com a mentira de milênios, teremos estremecimentos, um espasmo de terremotos, um deslocamento de morros e montanhas como nunca antes foi sonhado. O conceito de política é então completamente absorvido em uma guerra de espíritos, todas as estruturas de poder da antiga sociedade vão para os ares – elas repousam, todas, na mentira: haverá guerras como ainda não houve sobre a Terra. Só a partir de mim há na Terra uma *grande política*. –

2.

Quer-se uma fórmula para um tal destino, *que se tornou ser humano*? – Ela está no meu Zaratustra.

> – e quem quer ser um criador no bem e mal precisa primeiro ser um aniquilador e destruir valores.
>
> Portanto, o sumo mal faz parte do sumo bem: esse, porém, é o criador.[26]

Eu sou, de longe, o ser humano mais terrível que houve até agora; isso não exclui que eu venha a ser o mais beneficente. Eu conheço o prazer no *aniquilar* num grau que é conforme à minha *força* para aniquilar, – em ambos eu obedeço à minha natureza dionisíaca, que sabe separar o fazer-Não do dizer-Sim. Eu sou o primeiro *imoralista*: com isso, sou o *aniquilador par excellence*. –

3.

Não fui perguntado, eu deveria ter sido perguntado sobre o que significa na minha boca, na boca do primeiro imoralista, o nome *Zaratustra*: pois o que constitui a colossal unicidade desse persa na história é justamente o oposto disso. Zaratustra foi o primeiro que viu, na luta do bem e do mal, a verdadeira roda na engrenagem das coisas, – a tradução da moral em algo metafísico, com força, causa, fim em si, é *seu* trabalho. Mas essa questão seria, no fundo, já a

26. *Zaratustra*, II, "Da autossuperação".

resposta. Zaratustra *criou* esse erro mais fatídico que há, a moral: por conseguinte, ele precisa também ser o primeiro que o *conhece.* Não apenas que ele tenha aqui mais e mais longas experiências do que qualquer outro pensador – ora, toda a história é a refutação experimental da proposição da chamada "ordem moral do mundo" –: o mais importante é que Zaratustra é mais veraz do que qualquer outro pensador. O seu ensinamento, e apenas ele, tem a veracidade como virtude suprema – ou seja, a oposição à *covardia* do "idealista", que foge da realidade, Zaratustra tem mais bravura no corpo do que todos os pensadores juntos. Falar a verdade e *atirar bem com flechas*, essa é a virtude persa – entendem-me?... A autossuperação da moral a partir da veracidade, a autossuperação do moralista em sua oposição – *em mim* – isso significa o nome Zaratustra em minha boca.

4.

No fundo, são duas as negações que minha palavra *imoralista* encerra em si. Eu nego, primeiro, o tipo de ser humano que até agora vigorou como o supremo, os *bons*, os *benevolentes*, *beneficentes*; eu nego, por outro lado, uma espécie de moral que se tornou a vigente e a dominante como moral em si, – a moral de *décadence*, dito em termos mais palpáveis, a moral *cristã*. Seria permitido considerar a segunda contradição como a mais decisiva, uma vez que tomo a superestimação da bondade e da benevolência, em linhas gerais, já como consequência da *décadence*, como sintoma de fraqueza, como incompatível com uma vida que ascende e diz-Sim: no dizer-Sim, a negação e a *aniquilação* são condições. – Eu me detenho primeiramente na psicologia do ser humano bom. Para estimar qual tipo de ser humano tem valor, é preciso calcular o preço que custa a sua conservação, – é preciso conhecer suas condições de existência. A condição de existência dos bons é a *mentira* –: expresso de outra maneira, o não-*querer*-ver a nenhum preço como, no fundo, é constituída a realidade, a saber, *não* de uma espécie tal a provocar a todo momento instintos benevolentes, menos ainda de uma espécie tal a aturar a todo momento a intervenção de mãos bondosas míopes. As *calamidades* de toda espécie, consideradas em geral como objeção, como algo que é preciso *abolir*, é a *niaiserie* [estupidez] *par excellence*, em linhas gerais, um verdadeiro desastre em suas consequências, um destino de estupidez –, praticamente tão estúpido quanto seria a vontade de abolir o mau tempo – como que por compaixão pelas pessoas pobres... Na grande economia do todo, os horrores da realidade (nos afetos, nos desejos, na vontade de potência) são, numa medida incalculável, mais necessários do que toda forma da pequena felicidade, a chamada "bondade"; é preciso até mesmo ser indulgente para agraciar a última, pois ela está condicionada no instinto de mendacidade, com um lugar qualquer que seja. Eu terei um grande ensejo de provar as consequências incomensuravelmente tétricas do *otimismo*, esse rebento disforme dos *homines optimi* [os melhores homens], para toda a história. Zaratustra, o primeiro que compreendeu que o otimista é tão *décadent* quanto o pessimista, e talvez mais prejudicial, disse: *seres humanos bons nunca falam a verdade. Os bons vos ensinam margens e seguranças falsas; na mentira dos bons, vós nascêreis e vos abrigáreis. Tudo foi encoberto e torcido até o fundo pelos bons.* Por sorte, o mundo não é construído por sobre instintos de modo a que justamente apenas animaizinhos de rebanho bondosos encontrassem aí sua estreita felicidade; exigir que tudo devesse ser "ser humano bom", animal de rebanho, de olhos azuis, benevolentes, "belas almas" – ou, como o senhor Herbert Spencer o deseja, altruístas – significaria tirar da existência o seu *grande* caráter, significaria castrar a humanidade e rebaixá-la a uma miserável chinesice. – *E isso foi tentado!... Justamente isso se chama moral...* Nesse sentido, Zaratustra denomina os bons ora "os últimos seres humanos", ora o "início do fim"; sobretudo ele os sente como *a espécie mais prejudicial de ser humano*, porque eles impõem sua existência tanto às custas da *verdade* como às custas do *futuro*.

> Os bons – estes não podem *criar*, estes são sempre o início do fim –
>
> – eles crucificam aquele que escreve *novos* valores em novas tábuas, eles sacrificam o *próprio* futuro, eles crucificam todo futuro do ser humano!
>
> Os bons – estes foram sempre o início do fim...

> E seja qual for o estrago que os caluniadores do mundo possam fazer, *o estrago dos bons é sempre o estrago mais prejudicial.*[27]

5.

Zaratustra, o primeiro psicólogo dos bons, é – por conseguinte – um amigo dos maus. Se uma espécie-*décadence* de ser humano elevou-se ao escalão de espécie suprema, isso então só pôde acontecer às custas de sua espécie-oposta, a espécie de ser humano forte e consciente de vida. Se um animal de rebanho reluz no brilho da mais pura virtude, o ser humano de exceção tem então de ser desvalorado até o mau. Se a mendacidade reivindica, a todo custo, a palavra "verdade" para sua ótica, o genuinamente veraz tem então de ser reencontrado em meio aos piores nomes. Zaratustra não deixa aqui dúvida alguma: ele diz que o conhecimento dos bons, dos "melhores" teria sido justamente o que de todo lhe causou horror pelo ser humano; *dessa* repulsa teriam lhe crescido as asas para "continuar flutuando ao longínquo futuro", – ele não esconde que *seu* tipo de ser humano, um tipo relativamente além-do-humano, é além-do-humano precisamente em relação aos *bons*, que os bons e justos chamariam seu além-do-humano de *diabo*...

> Vós, seres humanos supremos, os quais meu olhar encontrou, esta é minha dúvida quanto a vós e meu riso oculto: eu presumo que chamaríeis meu além-do-humano – de diabo!
>
> Sois, com vossa alma, tão alheios ao que é grande que o além-do-humano vos seria *terrível* em sua bondade...[28]

É preciso começar por essa passagem, e por nenhuma outra, para compreender o que Zaratustra *quer*: essa espécie de ser huma-

27. *Zaratustra*, III, "De novas e velhas tábuas".
28. *Zaratustra*, II, "Da prudência dos homens".

no, que ele concebe, concebe a realidade *como ela é*: ela é forte o suficiente para tanto –, ela não lhe é alheia, remota, ela é *ela mesma*, ela tem também em si tudo que lhe é terrível e questionável, *para só assim o ser humano poder ter grandeza*...

6.

– Mas eu também escolhi, em ainda um outro sentido, a palavra *imoralista* como uma insígnia, uma condecoração para mim; eu estou orgulhoso de ter essa palavra, que me destaca em relação a toda a humanidade. Ninguém ainda sentiu a moral *cristã abaixo* de si: disso faz parte uma altura, um olhar distante, uma profundeza e abismalidade psicológicas até agora completamente inauditas. A moral cristã foi até aqui a Circe de todos os pensadores, – eles permaneciam a seu serviço. – Quem antes de mim penetrou nas cavernas das quais jorra o hálito venenoso dessa espécie de ideal – da *difamação do mundo*! Quem também sequer ousou suspeitar de *que* há cavernas? Quem antes de mim era de todo *psicólogo* entre os filósofos e não, pelo contrário, a sua oposição, "embusteiro superior", "idealista"? Não havia antes de mim absolutamente nenhuma psicologia. – Ser aqui o primeiro pode ser uma maldição, trata-se em todo caso de um destino: *pois despreza-se também sendo o primeiro*... O *asco* pelo ser humano é meu perigo...

7.

Fui compreendido? – O que me delimita, o que me coloca à parte em relação ao resto da humanidade é ter *descoberto* a moral cristã. Por isso, eu carecia de uma palavra que contivesse o sentido de um desafio lançado a todos. Foi, aqui, não ter aberto antes os olhos o que considerei como a maior imundice da qual a humanidade tem responsabilidade perante a consciência, como autoengano tornado instinto, como vontade fundamental de *não* ver todo acontecimento, toda causação, toda efetividade, como contrafação *in psychologicis* até tornar-se crime. A cegueira diante do cristianismo é o *crime par excellence* – o crime *contra a vida*... Os milênios, os povos, os primeiros e os últimos, os filósofos e as velhas mulheres – descontados cinco, seis instantes da história, eu sendo o sétimo – nesse ponto eles são todos dignos uns dos outros. O cristão foi até aqui *o* "ser moral", uma curiosidade sem igual – e, *como* "ser moral", mais absurdo, mais mendaz, mais frívolo, mais leviano, *mais nocivo a si mesmo* do que o maior desprezador da humanidade poderia ter sonhado. A moral cristã – a forma mais maligna da vontade da mentira, a genuína Circe da humanidade: o que ela *corrompeu*. *Não* se trata do erro enquanto erro o que me assombra nesta visão, *não* a falta milenar, revelada por seu triunfo, de "boa vontade", de cultivo, de decoro, de bravura em temas do espírito: – trata-se da falta de natureza, trata-se do estado-de-coisas completamente lúgubre de que a própria *contranatureza* enquanto moral recebeu as honras supremas e ficou afixada enquanto lei, enquanto imperativo categórico, por sobre a natureza!... Equivocar-se nessa medida, *não* como indivíduo, *não* como povo, mas como humanidade!... Que se ensine a desprezar os primeiríssimos instintos da vida; que se *minta* uma "alma", um "espírito", para fazer do corpo algo ignominioso; que se ensine a sentir algo impuro na pressuposição da vida, na sexualidade; que se busque o princípio mau na mais profunda necessidade de prosperar, no *rígido* egoísmo (– a palavra já é difamatória! –); que se veja, inversamente, na insígnia típica da queda e da contradição ao instinto, no "abnegado", na perda de um fulcro, na "despersonalização" e "amor ao próximo" (– *vício* pelo próximo![29]), o valor *mais elevado*, o que digo!, o *valor em si*!... Como! estaria a própria humanidade em *décadence*? estivera ela sempre assim? – O que é certo é que lhe foram *ensinados* apenas valores de *décadence* como valores supremos. A moral da abnegação de si é a moral da queda *par excellence*, o fato "eu me arruíno" traduzido no imperativo: "vós todos *deveis* arruinar-vos" – e *não apenas* no imperativo!... Essa única moral que foi até aqui ensinada, a moral da abnegação de si, faz revelar uma vontade de fim, ela *nega*, em seu fundamento mais arraigado, a vida. – Permanece aqui aberta a possibilidade de que não é a humanidade que está em degeneração, mas, antes, apenas aquela espécie parasitária de ser

---

29. *Nächstensucht*. Sobre *Sucht* e *Selbstsucht*, cf. nota 9. "*Nächsten*" significa, aqui, "ao próximo", assim como na palavra, bem comum em alemão, "*Nächstenliebe*", "amor ao próximo". Nietzsche joga com essas palavras e também com o termo, recorrente ao longo da obra, *Selbstsucht*, vertido aqui por egoísmo.

humano, aquela do *sacerdote*, que, com a moral, mentiu até elevar-se à posição de determinadores de seu valor, – aquela que, na moral cristã, deixa adivinhar seus meios até o *poder*... E, de fato, esse é o *meu* discernimento: os doutrinários, os condutores da humanidade, todos eles teólogos, eram, todos eles, *décadents*: *portanto* a transvaloração de todos os valores em algo hostil à vida, *portanto* a moral... *Definição da moral*: moral – a idiossincrasia de *décadents*, com o propósito oculto de *vingar-se da vida* – *e* com êxito. Eu dou valor a *essa* definição. –

8.

– Fui compreendido? – Eu não disse absolutamente nenhuma palavra que eu já não tivesse dito cinco anos atrás pela boca do Zaratustra. – A *descoberta* da moral cristã é um acontecimento que não tem um equivalente, uma verdadeira catástrofe. Aquele que a seu respeito se esclarece é uma *force majeure*, um destino – ele quebra a história da humanidade em duas partes. Vive-se *antes* dele, vive-se *depois* dele... O relâmpago da verdade atinge precisamente o que até então ficava no mais alto: quem compreende *o que* foi ali aniquilado pode observar se ainda tem de todo algo nas mãos. Tudo o que até então se chamava "verdade" é reconhecido como a forma mais prejudicial, mais traiçoeira, mais subterrânea de mentira; o santo pretexto de "aprimorar" a humanidade como a astúcia de *sugar até o fim* a própria vida, de torná-la anêmica. Moral como *vampirismo*... Aquele que descobre a moral descobre junto o não-valor de todos os valores nos quais se crê ou se creu; ele vê nos tipos mais venerados de ser humano, mesmo nos que foram declarados *santos*, mais nada de honrável, ele vê nisso a espécie mais fatídica de criatura disforme, fatídica *porque fascinou*... O conceito "Deus" inventado como conceito-oposto à vida, – nele, tudo o que é prejudicial, intoxicante, difamatório, toda a inimizade mortal contra a vida é trazida a uma unidade aterrorizante! O conceito "Além", "mundo verdadeiro", inventado para desvalorar o *único* mundo que há, – para não deixar sobrando nenhum objetivo, nenhuma razão, nenhuma tarefa para nossa realidade terrestre. O conceito "alma", "espírito", por fim até mesmo "alma imortal", inventados para desprezar o corpo, para deixá-lo doente – "santo" –, para lidar com lúgubre frivolidade com coisas que merecem seriedade na vida, com as perguntas sobre alimentação, habitação, dieta espiritual, tratamento de enfermos, pureza, clima! Em lugar da saúde, a "salvação da alma" – quer dizer, uma *folie circulaire* [loucura circular] entre espasmos expiatórios e histeria de redenção! O conceito "pecado", inventado junto com o instrumento correlato de tortura, o conceito "vontade livre", para confundir os instintos, para tornar a desconfiança em relação aos instintos uma segunda natureza! No conceito do "abnegado", do "renegador-de-si-mesmo", a genuína insígnia de *décadence*, o "ser-*atraído*" pelo que é prejudicial, o não-mais-*poder*-encontrar-sua-utilidade, a autodestruição tornada em geral sinal de valor, "dever", "santidade", "divino" no ser humano! Por fim – é o mais terrível –, no conceito do ser humano *bom*, é tomado o partido de tudo o que é fraco, enfermo, malsucedido, que sofre-consigo-mesmo, tudo aquilo que *deve ser arruinado* –, riscada a lei da *seleção*, feito um ideal a partir da contradição com o ser humano orgulhoso e bem-sucedido, com o que diz-Sim, com o que é certo do futuro, que afiança o futuro – esse se chama doravante *o mau*... E tudo isso foi crido *como moral!* – *Ecrasez l'infâme!* [esmagai o infame] –

9.

– Fui compreendido? – *Dionísio contra o Crucificado...*

Conecte-se conosco:

facebook.com/editoravozes

@editoravozes

@editora_vozes

youtube.com/editoravozes

+55 24 2233-9033

www.vozes.com.br

Conheça nossas lojas:

www.livrariavozes.com.br

Belo Horizonte – Brasília – Campinas – Cuiabá – Curitiba
Fortaleza – Juiz de Fora – Petrópolis – Recife – São Paulo

EDITORA VOZES LTDA.
Rua Frei Luís, 100 – Centro – Cep 25689-900 – Petrópolis, RJ
Tel.: (24) 2233-9000 – E-mail: vendas@vozes.com.br